Adilson da Silva Freitas

Autodesk®

Maya *e* Mudbox® 2018

Modelagem Essencial para Personagem

Av. das Nações Unidas, 7221, 1º Andar, Setor B
Pinheiros – São Paulo – SP – CEP: 05425-902

SAC 0800-0117875
De 2ª a 6ª, das 8h00 às 18h00
www.editorasaraiva.com.br/contato

DADOS INTERNACIONAIS DE CATALOGAÇÃO NA PUBLICAÇÃO (CIP)
ANGÉLICA ILACQUA CRB-8/7057

Freitas, Adilson da Silva
  Autodesk Maya® e Mudbox® 2018 : modelagem essencial para personagem / Adilson da Silva Freitas. — São Paulo : Érica, 2018.
  280 p. : il., color.

Bibliografia
ISBN 978-85-365-2722-2

1. Maya (Programa de computador) 2. Mudbox (Recurso eletrônico) 3. Computação gráfica 4. Desenho por computador 5. Modelagem por computador I. Título

17-1847

CDD 006.696
CDU 004.92

Índices para catálogo sistemático:
1. Computação gráfica

Vice-presidente	Claudio Lensing
Coordenadora editorial	Rosiane Ap. Marinho Botelho
Editora de aquisições	Rosana Ap. Alves dos Santos
Assistente de aquisições	Mônica Gonçalves Dias
Editora	Silvia Campos Ferreira
Assistente editorial	Paula Hercy Cardoso Craveiro
Editor de arte	Kleber de Messas
Assistente de produção	Fabio Augusto Ramos
	Katia Regina
Produção gráfica	Sergio Luiz P. Lopes

Copyright© 2018 Saraiva Educação
Todos os direitos reservados.

1ª edição
2018

Autores e Editora acreditam que todas as informações aqui apresentadas estão corretas e podem ser utilizadas para qualquer fim legal. Entretanto, não existe qualquer garantia, explícita ou implícita, de que o uso de tais informações conduzirá sempre ao resultado desejado. Os nomes de sites e empresas, porventura mencionados, foram utilizados apenas para ilustrar os exemplos, não tendo vínculo nenhum com o livro, não garantindo a sua existência nem divulgação.

A Ilustração de capa e algumas imagens de miolo foram retiradas de <www.shutterstock.com>, empresa com a qual se mantém contrato ativo na data de publicação do livro. Outras foram obtidas da Coleção MasterClips/MasterPhotos© da IMSI, 100 Rowland Way, 3rd floor Novato, CA 94945, USA, e do CorelDRAW X6 e X7, Corel Gallery e Corel Corporation Samples. Corel Corporation e seus licenciadores. Todos os direitos reservados.

Todos os esforços foram feitos para creditar devidamente os detentores dos direitos das imagens utilizadas neste livro. Eventuais omissões de crédito e copyright não são intencionais e serão devidamente solucionadas nas próximas edições, bastando que seus proprietários contatem os editores.

Nenhuma parte desta publicação poderá ser reproduzida por qualquer meio ou forma sem a prévia autorização da Saraiva Educação. A violação dos direitos autorais é crime estabelecido na lei nº 9.610/98 e punido pelo artigo 184 do Código Penal.

Edição	Rosana Arruda da Silva
Preparação	Claudia Cantarin
Revisão	Giacomo Leone Neto
Diagramação	Villa d'Artes Soluções Gráficas
Projeto gráfico de capa	M10 Editorial
Impressão e acabamento	Edições Loyola

CL 642005   CAE 626507

SISTEMA OPERACIONAL E HARDWARE MÍNIMO PARA INSTALAÇÃO

SISTEMA OPERACIONAL

- Sistema operacional Microsoft® Windows® 7 (SP1) e Windows® 10 Professional.

- Apple® Mac OS® X 10.11.x, sistema operacional 10.12.

- Red Hat® Enterprise Linux® 6.5 e 7.2 sistema operacional WS (requer uma licença multiusuário, não suportada por uma licença de usuário único).

- Sistema operacional Linux CentOS 6.5 e 7.2 (requer uma licença multiusuário, não suportada por uma licença de usuário único).

HARDWARE

- CPU: Processador Multi-core Intel ou AMD com conjunto de instruções SSE4.2.

- 8 GB de RAM (recomendado 16 GB).

- 4 GB de espaço livre em disco para a instalação.

- Disco rígido de 7 200 RPM.

- Mouse com três botões.

- Placa gráfica (consulte as placas recomendadas pela Autodesk, no link: <https://knowledge.autodesk.com/search-result/caas/CloudHelp/cloudhelp/ENU/123112/files/maya-certified-hardware-html.html>).

- Mesa digitalizadora com caneta.

VERSÃO ESTUDANTE

Você pode baixar e utilizar gratuitamente por três anos os softwares Autodesk Maya e Autodesk Mudbox, versão 2018 para estudantes. Para essa ação, basta cadastrar-se gratuitamente no site <http://<www.autodesk.com.br> e procurar, no final da página, SOFTWARE GRATUITO PARA ESTUDANTES.

Figura 1 – Página de cadastro para baixar gratuitamente os softwares Autodesk Maya e Autodesk Mudbox, versão 2018.

DEDICATÓRIA

Gostaria de dedicar e agradecer a minha esposa, Sheila Leilane de Oliveira, pelas horas desprendidas, pela paciência, apoio e companheirismo; por acreditar no meu trabalho e também pelo auxílio, nas opiniões, nas críticas e aprovações. Gostaria de agradecer também a minha família, que acreditou no meu desenvolvimento profissional, investindo em constantes estudos. Este livro não se tornaria realidade sem o apoio do Senac (SP), onde consegui evoluir em conhecimento. Em particular, o meu muito obrigado a Richard Martelli, que confiou em mim e apoiou o desenvolvimento das atividades aqui descritas e esta obra. Meus agradecimentos a todos os meus alunos que opinaram, acompanharam e me auxiliaram.

SOBRE O AUTOR

Adilson da Silva Freitas, freelance 3D Artist e Motion Graphics. Formado em Gestão da Tecnologia da Informação. Possui Autodesk Certified Instructor (ACI) e Autodesk Certified Professional (ACP) em Maya. Palestrante, fotógrafo e criador do projeto social Foto Mágica, em que transforma em super-heróis e heroínas, príncipes e princesas, e até mesmo em vilões, as crianças que lutam pela vida, contra qualquer doença grave. Docente nos cursos das áreas de Computação Gráfica e Internet do Senac-Campinas-SP. Consultor de computação gráfica Autodesk Maya para gerência de desenvolvimento de cursos Senac-SP. Atua como videografista na empresa HS Produtora, em Campinas. Presta consultoria de edição e animação de vídeo para o grupo RAC em Campinas. Desenvolve materiais didáticos de After Effects e Premiere para o grupo Multi e Autodesk Maya Introdução 2013/2014 e Autodesk Maya – Modelagem de Personagens 2013/2014, Autodesk Maya e Mudbox – Modelagem de Personagem 2018, Autodesk Maya – Motion Graphics 2017 e After Effects Motion Graphics CC para o Senac-SP. Na empresa Merlin Vídeo, desenvolve treinamentos para videografistas. Atualmente, trabalha com softwares Autodesk Maya, Autodesk Mudbox, Pixologic Zbrush, Marvelous Designer, Adobe Photoshop, Adobe Illustrator, Adobe Premiere, Adobe After Effects, Adobe Indesign e Adobe Audition. Portfólio on-line:

http://www.adilsonfreitas.com

Possui certificações Autodesk: https://www.youracclaim.com/user/adilsonfreitas

SUMÁRIO

APRESENTAÇÃO 13

PREFÁCIO 15

CAPÍTULO 1 – INTRODUÇÃO AO 3D 17
  1.1 PRÉ-PRODUÇÃO, PRODUÇÃO E PÓS-PRODUÇÃO 17
  1.2 REFERÊNCIA 18
    1.2.1 MODEL SHEET 18
    1.2.2 BLUE PRINT 19
  1.3 SILHUETA 20
  1.4 GRÁFICOS CARTESIANOS 21
  1.5 ANATOMIA DE SUPERFÍCIES 22
    1.5.1 ANATOMIA DE UM POLÍGONO 22
    1.5.2 ANATOMIA DE UMA SUPERFÍCIE NURBS...................23
    1.5.3 ANATOMIA DE UMA CURVA NURBS............................24
  PESQUISA 26
  CONCLUSÃO 27
  EXERCÍCIOS 27

CAPÍTULO 2 – CONHECENDO OS SOFTWARES 29
  2.1 O AUTODESK MAYA 2018..29
    2.1.1 Áreas de atuação do Maya 31
    2.1.2 *Workspace* 32
    2.1.3 Experimentação..35

2.2 O AUTODESK MUDBOX 2018 .... **47**

    2.2.1 Workspace 50

PESQUISA **60**

CONCLUSÃO **60**

EXERCÍCIOS **61**

CAPÍTULO 3 – MODELAGEM **63**

3.1 FLUXO DE TRABALHO **63**

3.2 CONFIGURAÇÃO DA MESA DIGITALIZADORA **64**

3.3 PREPARANDO UM MODELO PARA ESCULPIR **67**

    3.3.1 Coordenadas de textura UV 67

    3.3.2 Quantidade de lados de um polígono 67

    3.3.3 Tamanho e forma de faces de polígono 67

    3.3.4 Edge loop/ring flow 67

    3.3.5 Localização do modelo em X, Y e Z 68

    3.3.6 Topologia de um polígono 68

3.4 SCULPT TOOLS (FERRAMENTAS DE ESCULPIR) **68**

    3.4.1 Propriedades das ferramentas de escultura 70

3.5 INÍCIO DA MODELAGEM DO ROSTO **73**

    3.5.1 Criando base mesh 74

    3.5.2 Modelagem da orelha 83

    3.5.3 Modelando a boca 85

    3.5.4 Refinando o nariz 87

    3.5.5 Detalhe dos olhos 89

    3.5.6 Ajustando a pálpebra superior 90

    3.5.7 Inserindo pintura para os olhos 91

PESQUISA **95**

CONCLUSÃO 95

EXERCÍCIOS 96

CAPÍTULO 4 – RETOPOLOGIA 97

4.1 EDGE LOOP 97

4.2 MODELING TOOLKIT – AUTODESK MAYA 98

4.3 RETOPOLOGIA DO ROSTO 98

4.3.1 Redução da malha 112

4.3.2 Efetuando a retopologia na orelha 120

4.3.3 Duplicando rosto 125

4.3.4 Ajustando a geometria da orelha 128

4.3.5 Criando bolsas nariz, boca e olhos 132

4.4 MODELANDO O CORPO E A ROUPA DO PERSONAGEM 138

4.4.1 Image Plane 138

4.4.2 Content Browser 141

4.4.3 Modelando a roupa 153

PESQUISA 157

CONCLUSÃO 157

EXERCÍCIOS 158

CAPÍTULO 5 – TEXTURA, MAPAS E MATERIAIS 159

5.1 TEXTURA/UV 159

5.1.1 Texturizando um cubo 162

5.2 ABERTURA DE MALHA DO PERSONAGEM 168

5.3 ABERTURA DE MALHA DA ROUPA 177

5.4 EXPORTAÇÃO/IMPORTAÇÃO E INTEGRAÇÃO MAYA E MUDBOX 178

5.4.1 Preparação básica para exportação/finalização
da modelagem.. 180

5.4.2 Exportação.. 185

5.4.3 Shader – 1... 189

5.4.4 Pintura poligonal – Autodesk Mudbox......................... 192

5.4.5 Mapas... 202

5.4.6 Exportando *normal mapping* do Mudbox
para Maya... 204

PESQUISA **209**

CONCLUSÃO **209**

EXERCÍCIOS **210**

**CAPÍTULO 6 – AJUSTES, ESQUELETO E CONFIGURAÇÃO
DA PELE** **211**

6.1 AJUSTES DA MALHA.. **211**

6.2 *RIGGING* **212**

6.2.1 HumanIK.. 213

6.2.2 IK/FK.. 217

6.3 *SKIN* E CONFIGURAÇÃO DOS OLHOS................................ **218**

6.3.1 Ligando o esqueleto à topologia (Skinning)............... 218

6.3.2 Criando a influência de distorções............................. 221

6.3.3 Criando controlador para os olhos............................. 227

6.4 BLEND SHAPE... **234**

6.4.1 Shape Editor 234

PESQUISA **239**

CONCLUSÃO 239

EXERCÍCIOS 240

CAPÍTULO 7 – IMAGEM FINAL 241

7.1 LUZ 241

7.1.1 Tipos mais comuns de luz no Autodesk Maya............ 242

7.1.2 Luzes do Arnold 244

7.1.3 Entendendo a Iluminação de três pontos................... 250

7.1.4 Gerando iluminação de três pontos 252

7.2 CÂMERAS 255

7.2.1 Planos e ângulos cinematográficos........................... 256

7.3 *RENDER* 259

7.3.1 Maya Software 260

7.3.2 Maya Hardware 2.0...................................... 260

7.3.3 Maya Vector 260

7.3.4 Arnold Renderer 260

7.3.5 Ativando plug-ins no Maya.............................. 261

7.3.6 Finalização do seu projeto............................. 262

7.3.7 Aplicando um novo controlador para o *normal map*....267

7.3.8 Configurações do seu *render*........................... 273

PESQUISA 276

CONCLUSÃO.. 277

EXERCÍCIOS 277

BIBLIOGRAFIA... 279

APRESENTAÇÃO

Nos dias atuais, surgiram novos perfis de profissionais, e o artista digital em 3D é um deles. Com o tempo, o mercado de trabalho foi se adaptando a essa nova realidade, principalmente na área de computação gráfica, em função da demanda do mercado tridimensional. Há a necessidade de profissionais com conhecimento teórico e prático, característica especialmente evidente na área de computação gráfica. A publicidade, por exemplo, mudou o seu perfil de propaganda utilizando muito mais recursos da computação gráfica. Produtoras, agências de publicidade, emissoras de TV e cinema requisitam cada vez mais profissionais capacitados em ilustrações tridimensionais. Outra área importante para animadores em 3D está relacionada ao desenvolvimento de vinhetas para TV, que envolve etapas de modelagem, texturização, iluminação e animação de personagem.

Outra necessidade do mercado é o da realidade aumentada, realidade virtual, impressão 3D e as produções para treinamentos em Educação a Distância (EAD).

Os softwares Autodesk Maya e Autodesk Mudbox ocupam papel de destaque na área de computação gráfica, pois proporcionam ao usuário versatilidade para gerar diversos tipos de trabalho, desde os primeiros passos para a construção de um personagem até o resultado final, para animação ou para imagem *still* (parada).

Pensando nessa necessidade, este livro foi desenvolvido com as ferramentas essenciais para gerar um personagem tridimensional, com o desenvolvimento de um fluxo de trabalho entre os softwares Autodesk Maya e Mudbox que poderá ser usado para a criação de vinhetas de vídeo, impressos, impressão 3D, ambientação de jogos e infográficos, entre outros elementos ligados à computação gráfica tridimensional. O foco são os profissionais e estudantes da área de computação gráfica que desejam investir na sua formação continuada, assim como profissionais e estudantes de outras áreas que queiram ingressar na área de computação gráfica tridimensional para modelagem de personagem.

O livro é desenvolvido com o sistema operacional Windows 10, Adobe Photoshop CC 2017 português, Autodesk Maya 2018 e Autodesk Mudbox 2018, versão estudante, os dois últimos em inglês. Até o momento desta publicação, não existia uma versão em português. As funções em outros sistemas operacionais, como macOS da Apple e sistema Linux, são iguais, com a alteração apenas de algumas teclas de atalhos.

Ele está dividido em sete capítulos, e o primeiro deles é composto de uma introdução, apresentando a você uma visão geral do mundo de 3D. No Capítulo 2, você vai conhecer softwares, e, no seguinte, tem início a modelagem poligonal. O Capítulo 4 trabalha a reconstrução da malha, respeitando uma topologia, recurso conhecido como retopologia. No Capítulo 5, apresentam-se detalhes para a modelagem, em um trabalho com texturas, mapas e materiais. No Capítulo 6, você desenvolverá aprendizagem para gerar o esqueleto e configurações da pele. Por fim, no Capítulo 7, você fechará o arquivo com luz, câmera e renderização a fim de gerar a imagem final.

O diferencial deste livro está no fato de ser voltado para a modelagem do personagem, com a apresentação das ferramentas essenciais para esse trabalho.

As imagens utilizadas nos exemplos do livro estão disponíveis no site da editora.

PREFÁCIO

Este livro tem o objetivo principal de apresentar a modelagem orgânica de um personagem bípede, com o tema atleta de MMA em estilo *cartoon*. O fluxo de trabalho é focado e voltado essencialmente para modelagem, texturização, *rigging*, iluminação, poses e *render* do personagem. Você trabalhará apenas com as ferramentas necessárias para o fluxo de trabalho proposto. Como todos os softwares, existem vários caminhos para chegar a um resultado, porém será trabalhado apenas um fluxo e o objetivo de aprendizagem é que o personagem fique próximo ao que se vê no livro. Lembre-se: próximo não é igual! Isso quer dizer que você terá liberdade para treinar, modificar, inserir e brincar com seu personagem.

No início da modelagem, você verá que não existe uma imagem de referência para seguir. Podem ser geradas várias modelagens, conforme sua aplicação. Com o tempo, você conseguirá guiar seus movimentos e, utilizando referências como image plane (recurso de referência), desenvolverá personagens 3D iguais aos 2D. Em outro momento da modelagem, você vai utilizar uma base de modelo de um corpo para ligar na cabeça do seu personagem modelado. Tendo em vista que já possuirá conhecimento da modelagem, com a união de dois elementos distintos, você terá um ganho de conhecimento em recursos disponíveis dos softwares.

INTRODUÇÃO AO 3D

CAPÍTULO 1

Objetivos

Este capítulo tem o objetivo de definir uma linha de planejamento, ou seja, você deverá registrar tudo no papel antes de levar para o computador. Dessa maneira, passará pelos processos de pré-produção, produção e pós-produção, para então entender os tipos de referências e a importância das silhuetas. Além disso, conhecerá o gráfico cartesiano utilizado no mundo tridimensional e, por último, entenderá a anatomia das superfícies. Assim, você entenderá o fluxo de trabalho e a anatomia de um polígono, que será trabalhado neste livro.

1.1 PRÉ-PRODUÇÃO, PRODUÇÃO E PÓS-PRODUÇÃO

Para produzir um personagem, você deverá seguir três fases distintas: a pré-produção, a produção e a pós-produção.

- **Pré-produção:** nessa etapa, é importante definir a elaboração do roteiro em casos de animação e a elaboração do cronograma de desenvolvimento da produção e da pós-produção, ou seja, fazer um *briefing* como o cliente e planejar o desenvolvimento do trabalho com reuniões periódicas para ajustes. Assim, será mais barato alinhar essas informações no papel.

- **Produção:** fase em que se põe a mão na massa propriamente dita, ou seja, em que se põe em prática todo o planejamento da pré-produção. Na modelagem do personagem, se for apenas um personagem para uma imagem *still*, sem variação de pose, então não haverá necessidade de uma topologia correta, pois será apenas uma escultura digital, mas, se houver variação de poses ou se esse personagem for utilizado para uma animação, exige-se a topologia correta de sua malha, como também variações de modelagem para expressões faciais entre deformações, conforme a aplicação.

- **Pós-produção:** é a última etapa para gerar o resultado do seu trabalho. Se for uma imagem *still*, você vai utilizar programas de edição de imagem para tratar seu *render*; no caso de um trabalho para animação, o personagem será submetido a outros procedimentos para ser animado.

1.2 REFERÊNCIA

As referências são extremamente importantes para o desenvolvimento do trabalho de modelagem. Para um bom fluxo de trabalho, o processo de criação se dá no papel, e não no software. Essas referências podem ser obtidas diretamente na internet, em suas fotografias e em desenhos elaborados para o projeto, entre outros meios. Se a necessidade consiste em um trabalho de iluminação em uma cena já criada, então você deve usar referências com foco apenas na iluminação, como pinturas, fotografias, ilustrações, filmes e demais trabalhos em 3D, entre outras. Portanto, estude o seu personagem antes de começar a trabalhar no software e lembre-se de que outras referências vão ajudar no desenvolvimento, mesmo que sejam imagens distintas, porém análogas.

Basicamente, existem dois tipos de referência: a orgânica, conhecida como *Model Sheet*, e a inorgânica, conhecida como *Blue Print*.

1.2.1 MODEL SHEET

Geralmente, são desenhos livres de personagens orgânicos. Esses desenhos são utilizados para ajudar a padronizar a modelagem, a aparência, as poses e os gestos de um personagem a ser modelado. Utilizando um *site* de busca, você pode encontrar vários tipos de referências.

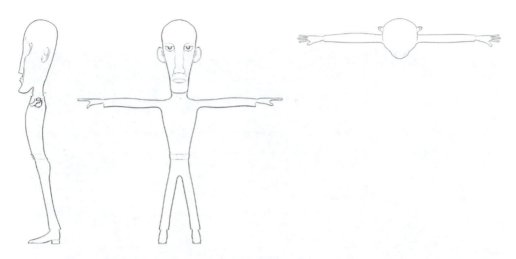

Figura 1.1 – Model Sheet Cowboy (personagem de Adilson Freitas).

Figura 1.2 – Exemplo de *wireframe*, *shader* e *render* final com composição de imagem do personagem Cowboy (personagem de Adilson Freitas).

1.2.2 BLUE PRINT

Para elementos como peças, casas e aviões, por exemplo, utiliza-se o *Blue Print* como referência para a modelagem, que é conhecida como *hard surface*. O *Blue Print* é a reprodução de um desenho técnico, a documentação de uma arquitetura ou de uma engenharia de design.

Veja um exemplo de um Blue Print (Figura 1.3).

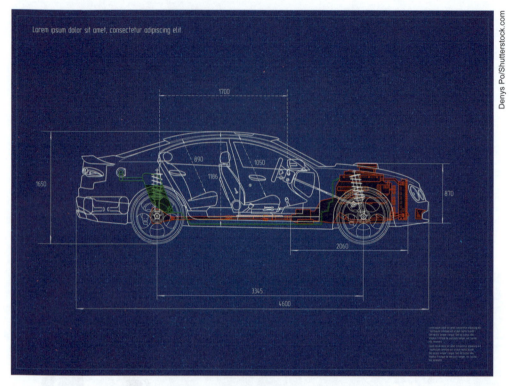

Figura 1.3 – Exemplo de um *Blue Print*.

1.3 SILHUETA

Lembre-se sempre, desde o trabalho de *concept* (criação em desenho), do personagem, de que a silhueta deve ser colocada em evidência. É necessário fazer um estudo, tanto da parte conceitual do personagem como de suas poses.

O princípio do exagero é crucial em diversas obras, tanto em 2D como em 3D, e o trabalho de reconhecimento feito pelo espectador por meio das formas do personagem confere um apelo a mais à narrativa. O mesmo ocorre com a questão do trabalho das poses durante a animação. A Figura 1.4 exemplifica bem esse aspecto.

Figura 1.4 – Exemplo de silhuetas.

Procure outras referências de silhuetas e você reconhecerá vários personagens de desenhos animados.

Nos softwares que simulam a silhueta de personagens, ligue a visualização de luz no Maya, deixando a cena sem luz. Utilize a tecla 7 para essa ação. Já no Mudbox, desligue a luz da cena, clicando com o botão direito do mouse e desligando em Light.

1.4 GRÁFICOS CARTESIANOS

A entidade visual mais básica é o ponto. O ponto não tem tamanho, mas tem um local. Para determinar a localização dos pontos no espaço, serão utilizadas coordenadas X, Y e Z, como se vê na representação abaixo de um gráfico cartesiano.

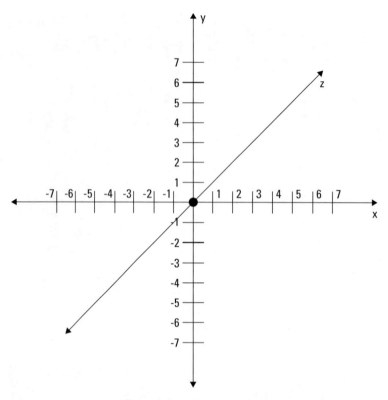

Figura 1.5 – Gráfico cartesiano.

Todo espaço no mundo de softwares tridimensionais está em torno do gráfico cartesiano. E, no Maya, é representado na ordem X, Y e Z. Assim, quando você vir três campos para coordenadas, já entenderá sua sequência.

1.5 ANATOMIA DE SUPERFÍCIES

No Maya, você poderá modelar com polígonos, NURBS (Non-Uniform Rational B-spline) e subvisão, cada uma com suas particularidades. Neste livro, será abordada a modelagem com polígonos e curvas NURBS.

1.5.1 ANATOMIA DE UM POLÍGONO

Um modelo poligonal é formado por pontos agrupados no espaço em 3D, conectados para formar quadrados ou triângulos, chamados faces. Essas faces, não vértices ou bordas, são usadas para calcular o sombreamento por ocasião do *rendering*.

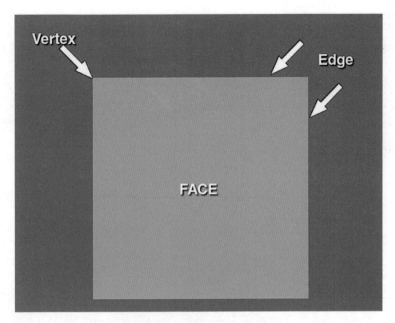

Figura 1.6 – Anatomia do polígono.

- **Vertex** (vértice): um ponto no espaço. Em um modelo, cada vértice tem um número de identificação único que vai orientar o software na localização de onde se começa a conectar os vértices. O vértice é o bloco de montagem mais básico de um modelo poligonal. Editando a posição de um vértice, altera-se a forma da face que ele cria.

- **Edge** (borda): componente poligonal que conecta dois vértices. A área formada por pelo menos três vértices conectados cria uma face.

- **Face:** um mínimo de três vértices envolvidos por três bordas. É possível haver faces triangulares, quadradas ou com mais de quatro lados.

- **UVs:** são as coordenadas de uma textura que se relacionam com os vértices de uma superfície poligonal. Os UVs geralmente não são editados durante o processo de modelagem.

1.5.2 ANATOMIA DE UMA SUPERFÍCIE NURBS

As superfícies NURBS contêm alguns dos componentes presentes nas curvas NURBS. Ambos, CVs e Hulls, desempenham as mesmas funções que realizam em curvas e podem ser escolhidos e editados da mesma maneira. Mas as superfícies também têm alguns componentes únicos, como apresentado na Figura 1.7.

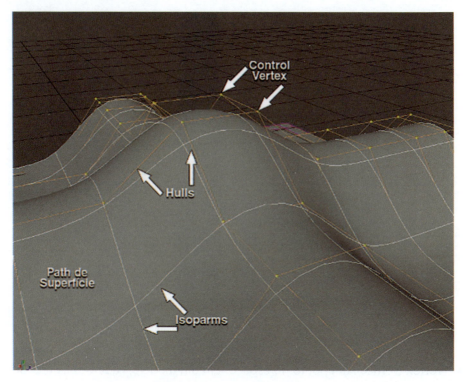

Figura 1.7 – Anatomia NURBS.

- **Isoparms:** ficam na superfície NURBS e se estendem por toda a superfície a um valor paramétrico constante. Os Isoparms podem ser selecionados e acrescentados a uma superfície, mas não podem ser diretamente editados.

- **Surface Point:** qualquer ponto ou parâmetro em uma superfície, isto é, semelhante ao ponto de curva.

- **Surface Patch:** seleciona a superfície entre os Isoparms.

1.5.3 ANATOMIA DE UMA CURVA NURBS

Tanto as curvas como as superfícies NURBS apresentam componentes semelhantes que controlam o modo como elas são editadas. Entender como esses componentes se relacionam entre si e como são usados para calcular curvas e superfícies, fornecerá uma boa base para a transformação de superfícies simples em formas mais complexas, mantendo uma geometria limpa, fácil de editar.

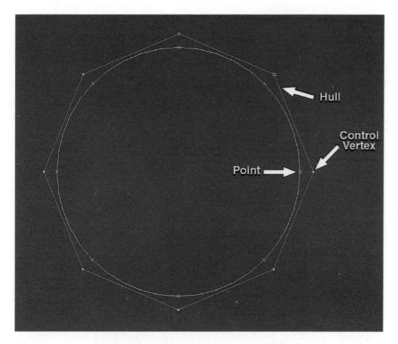

Figura 1.8 – Anatomia de uma curva NURBS.

Quando você clicar com o botão direito do mouse sobre uma curva, aparecerá o menu, conforme se vê na Figura 1.9.

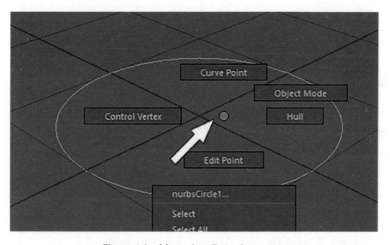

Figura 1.9 – Menu de edição de curvas.

- **Edit points** (pontos de edição): quando uma curva é desenhada no Maya, o software une segmentos de curvas poligonais, chamados *spans* (distância entre extremos ou limites). Os pontos em que esses segmentos se unem são chamados de *points* ou *knots* (nós). Os pontos de edição apresentam-se em curva e cada ponto exibe um pequeno **x** que você pode selecionar e mover para editar a forma de uma curva. Os pontos de edição podem ser acrescentados a uma curva com a ferramenta "Insert Knot" (inserir nó).

- **Control vertices** (CVs – vértices de controle): os CVs controlam o modo como a curva é puxada entre os pontos de edição. Basicamente, definem a forma de uma curva ou superfície. O número de CVs entre pontos de edição depende do grau da curva.

ATENÇÃO Com frequência, os CVs ficam acima ou abaixo de uma curva no espaço. São os pontos movidos com mais frequência nos espaços X, Y e Z para controlar a forma da curva. Não podem ser diretamente inseridos na curva, mas são acrescentados quando o ponto de edição é inserido.

- *Curve points* (pontos de curva): um ótimo recurso da tecnologia NURBS pelo fato de que as curvas são matematicamente calculadas. Quando um ponto de curva não pode ser diretamente editado, é possível escolher um lugar para inserir um ponto de edição ou um ponto para separar uma curva.
- *Hulls* (coberturas): são linhas retas que conectam os CVs. Com a escolha de uma hull, selecionam-se todos os CVs em uma curva.

PESQUISA

Saiba mais sobre a fase de pré-produção acessando os *sites* indicados.

O poder da pré-produção

Disponível em: <http://cinematografico.com.br/2016/01/o-poder-da-pre-producao/>.

Etapas da produção de um vídeo

Disponível em:<http://audiovisualpucrio.blogspot.com.br/p/pre-producao.html>.

Acessos em: 16 nov. 2017.

CONCLUSÃO

Neste capítulo, você conheceu uma linha de planejamento que passa pelos processos de pré-produção, produção e pós-produção. Também entrou em contato com os tipos de referências e viu a importância das silhuetas, além de ter conhecido o gráfico cartesiano e as superfícies trabalhadas em 3D.

EXERCÍCIOS

Nos exercícios a seguir, assinale a alternativa correta.

1. Qual é o componente presente na anatomia de superfície NURBS?

    a. Vertex.

    b. Edge.

    c. Face.

    d. Isoparms.

2. Qual é o elemento destacado da anatomia de um polígono?

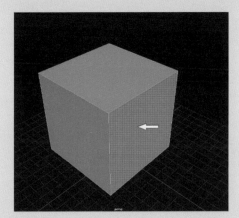

    a. Face.

    b. Edge.

    c. Vertex.

    d. UV.

3. Os eixos X, Y e Z dizem respeito a qual sequência por padrão no Autodesk Maya?

   a. Eixo (X) vertical, (Y) horizontal e (Z) profundidade.

   b. Eixo (X) horizontal, (Y) vertical e (Z) profundidade.

   c. Eixo (X) vertical, (Y) profundidade e (Z) horizontal.

   d. Eixo (X) horizontal, (Y) profundidade e (Z) vertical.

4. O que o gráfico cartesiano determina?

   a. A limitação de um software.

   b. A localização dos pontos no espaço.

   c. A anatomia de um polígono.

   d. Apenas a localização bidimensional no espaço.

5. Uma edge no polígono é representada por qual elemento?

   a. Um ponto.

   b. Uma face.

   c. Uma linha.

   d. Nenhuma das alternativas anteriores.

CONHECENDO OS SOFTWARES

CAPÍTULO 2

Objetivos

Neste capítulo, você vai conhecer a Autodesk Maya e o Mudbox. Também vai entender o poder de atuação de cada software, conhecer o seu *layout* e experimentar a interface do Autodesk Maya. Com essas informações, terá uma visão ampla do poder de cada software e entenderá a mecânica de navegação da interface.

2.1 O AUTODESK MAYA 2018

Hoje, o Maya é a principal aplicação para criar conteúdos digitais 3D convincentes, incluindo modelos, animação, efeitos visuais, jogos e simulações.

O trabalho realizado em Maya geralmente se encaixa em algumas definições.

30 Autodesk Maya e Mudbox 2018

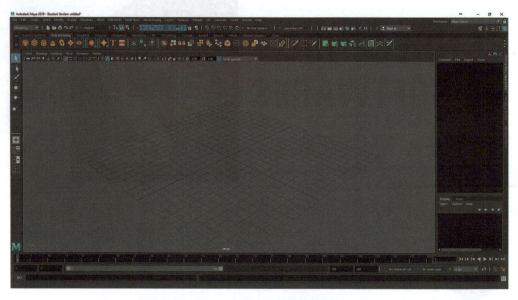

Figura 2.1 – Tela do Software Autodesk Maya 2018.

Histórico das versões do Autodesk Maya

- **1.0:** fevereiro de 1998
- **1.0:** junho de 1998 (vendida a primeira versão para a plataforma Windows)
- **MAYA 1.0:** julho de 1998 (vendida a primeira versão para a plataforma IRIX)
- **MAYA 1.0.1:** outubro de 1998 (somente para Windows)
- **MAYA 1.5:** outubro de 1998 (somente para IRIX)
- **MAYA 2.0:** junho de 1999 (para ambas as plataformas)
- **MAYA 2.5:** novembro de 1999
- **MAYA 2.5.2:** março de 2000
- **MAYA 3.0:** fevereiro de 2001 (primeira cópia para Linux)
- **MAYA 3.5:** outubro de 2001 (primeira cópia para Mac OS X)
- **MAYA 3.5.1:** setembro de 2002 (somente para Mac OS X)
- **MAYA 4.0:** junho de 2001 (menos para Mac OS X)
- **MAYA 4.5:** julho de 2002 (todas as plataformas)

- **MAYA 5.0:** maio de 2003
- **MAYA 6.0:** maio de 2004
- **MAYA 6.5:** janeiro de 2005 (última versão vendida para a plataforma IRIX)
- **MAYA 6.5.1:** maio de 2005
- **MAYA 7.0:** agosto de 2005
- **MAYA 7.0.1:** dezembro de 2005
- **MAYA 8.0:** agosto de 2006
- **MAYA 8.5:** janeiro de 2007
- **MAYA 2008:** janeiro de 2008
- **MAYA 2009:** novembro de 2008
- **MAYA 2010:** 2009
- **MAYA 2011:** 2010
- **MAYA 2012:** 2011
- **MAYA 2013:** março de 2012
- **MAYA 2014:** abril de 2013
- **MAYA 2015:** maio de 2014
- **MAYA 2016:** abril de 2015
- **MAYA 2017:** julho de 2016
- **MAYA 2018:** julho de 2017

2.1.1 ÁREAS DE ATUAÇÃO DO MAYA

2.1.1.1 MODELAGEM

Criação de modelos com diferentes tipos de superfícies e objetos com formas variadas de modelagem.

2.1.1.2 *RIGGING* (ESQUELETO)

A maioria das animações envolve personagens, modelos articulados, como uma pessoa, um animal, um robô ou qualquer outra coisa que se mova por articulação. O Maya permite que você defina esqueletos internos para os personagens e vincule a pele à topologia para criar um movimento realista com deformação.

2.1.1.3 ANIMAÇÃO

Tudo em que você pode pensar pode ser animado em Maya, como dinâmica, fluidos e outros efeitos simulados.

O Maya inclui um conjunto abrangente de ferramentas para simular efeitos do mundo real, como fogo, explosões, fluidos, cabelos e peles, a física dos objetos colidindo e muito mais.

2.1.1.4 *PAINT EFFECTS* E PINTURAS

O Maya dispõe de um sistema incrível em que se usa uma mesa digitalizadora ou um mouse para pintar superfícies bidimensionais ou pintar diretamente em modelos 3D. Também é possível pintar geometrias com um pincel, mas, em vez de tinta, se usam geometrias.

2.1.1.5 ILUMINAÇÃO, SOMBREAMENTO E RENDERIZAÇÃO

Quando quiser renderizar uma imagem estática ou o filme da sua cena ou animação, você pode criá-los por meio da sua escolha de renderizadores.

Renderizar é o processo de cálculo dos elementos em cena para gerar a imagem final.

O Autodesk Maya oferece um conjunto completo de recursos de criação para animação, modelagem, simulação, renderização e composição sobre uma plataforma de produção com alta capacidade de expansão para a criação de efeitos visuais, o desenvolvimento de jogos, pós-produção ou outros projetos de animação em 3D.

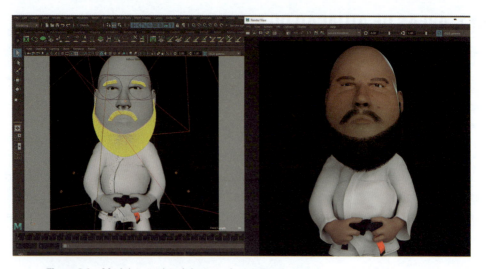

Figura 2.2 – Modelagem de minha autoria: um personagem anime em estilo cartoon.

2.1.2 WORKSPACE

A área de trabalho é composta por um ou mais painéis de visualização.

Neste momento, vamos navegar entras as *view ports* ortográficas e de perspectiva. Para isso, basta pressionar a barra de espaço do seu teclado para visualizar as quatro vistas. Assim, para mudar, coloque o mouse sobre a vista desejada e pressione novamente a tecla de espaço.

Figura 2.3 – Menu de workspace do Maya.

BARRA DE MENUS

Essa barra dá acesso a todos os recursos existentes no Maya. É alternada conforme a seleção do *drop-down* ou a tecla de atalho de F2 a F6.

Os menus no Maya são agrupados em conjuntos de menu. Cada conjunto corresponde a um módulo do software:

- MODELING (F2);
- RIGGING (F3);
- ANIMATION (F4);
- FX (F5);
- RENDERING (F6).

OBSERVAÇÃO De File até Assets, serão iguais para todos os menus.

SHELF

Figura 2.4 – Shelf.

As *shelves* guardam as ações e as ferramentas mais utilizadas, permitindo o acesso por meio de um ícone. Você também pode colocar *scripts* personalizados e *layouts* de painel em uma *shelf*.

ATENÇÃO Para visualizar os nomes dos botões, basta deixar a seta do mouse repousando sobre o botão.

STATUS LINE

Figura 2.5 – Status Line.

DICA Para alternar entre conjuntos de menus, utilize o status da linha lista *drop-down* ou as teclas de atalho acima descritas.

MANIPULADOR

O manipulador trabalha nos eixos X, Y e Z, na ordem. São eles: translado (mover), escala e rotação.

Figura 2.6 – Manipuladores.

TRABALHANDO COM AS FERRAMENTAS DO MAYA – TOOL BOX

 SELECT TOOL

- Permite selecionar objetos e componentes em painéis de visualização e do editor de textura.

 ROTATE TOOL

- Mostra um manipulador de rotação sobre os objetos selecionados ou componentes.

 LASSO TOOL

- Permite selecionar objetos e componentes na *view port*, desenhando uma forma livre em torno deles.

 SCALE TOOL

- Mostra um manipulador de escala sobre os objetos selecionados ou componentes.

 PAINT SELECTION TOOL

- Permite selecionar os componentes, pintando sobre eles com a caneta. Por exemplo: no polígono, selecionar os vértices, edge ou faces.

 LAST TOOL USED

- Mostra a última ferramenta utilizada.

 MOVE TOOL

- Mostra um manipulador de movimento para os objetos selecionados ou componentes.

DICA Você poderá verificar qual foi a última ferramenta utilizada apertando a tecla Y.

2.1.3 EXPERIMENTAÇÃO

Agora que conheceu o Autodesk Maya, você vai praticar um pouco a sua interface.

2.1.3.1 PROJETO

A janela Project Windows permite criar novos projetos Maya, definir a localização de arquivos de projeto e alterar os nomes e os locais de projetos existentes. A configuração de projeto é necessária porque permitirá que todos os recursos da cena fiquem guardados em uma pasta organizada por seções. Assim, quando houver a necessidade de um translado de projeto, não haverá problemas de quebra de *link*.

1. Clique em File/Project Window.

2. A janela Project Window será exibida.

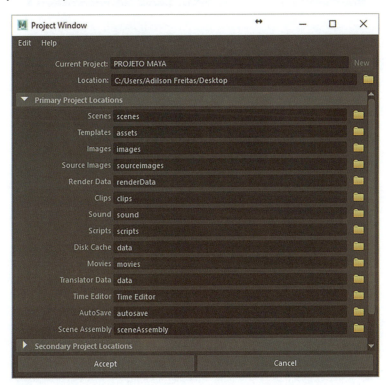

3. No item Current Project, clique no botão New.

4. No lugar de New_Project, digite o nome PROJETO MAYA.

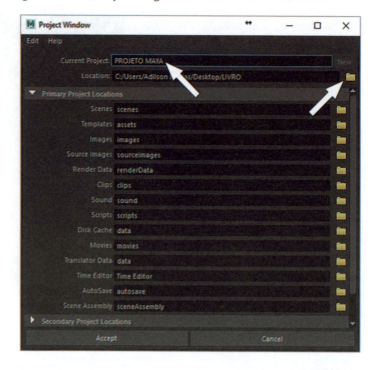

5. Em Location, digite o local desejado ou utilize o botão à frente para selecionar o destino.

6. Será exibida a janela Select Location. Para essa atividade, selecione o *desktop* de seu computador e clique no botão Select.

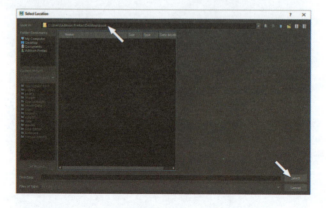

OBSERVAÇÃO Com o projeto, será criada uma pasta chamada PROJETO MAYA. Assim, não há necessidade de criar uma pasta no desktop para organizar os arquivos.

7. Com esse procedimento, será criada uma pasta no *desktop* com o nome PROJETO MAYA.

8. Primary Project Locations.

9. Em *Primary Project Locations*, estão localizados os diretórios para os dados essenciais do projeto, tais como arquivos de cena, de textura e de imagens. Essas pastas são necessárias em todos os projetos. Você poderá alterar o nome delas quando achar necessário.

10. Secondary Project Locations.

11. Em *Secondary Project Locations*, ficam as pastas destinadas ao projeto secundário. São criadas por padrão para arquivos relacionados aos locais do projeto primário. Para alterar o local-padrão do projeto secundário, utilize a opção *Edit* e, em seguida, vá para o novo local.

12. Com esse procedimento, será criado um conjunto de pastas secundárias dentro de algumas pastas primárias do Projeto Maya.

Capítulo 2 – Conhecendo os Softwares 39

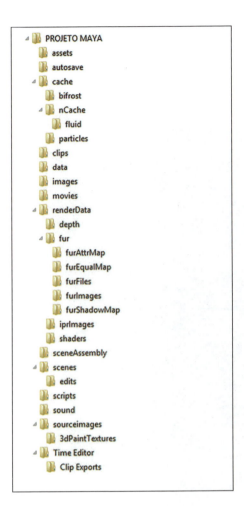

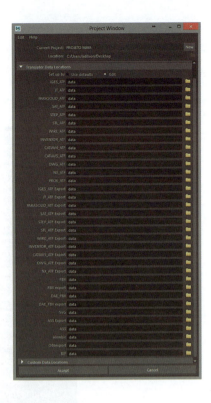

13. Translator Data Locations.

14. Determinam os locais para os dados que serão utilizados e requerem conversão para serem integrados ao projeto no padrão do Maya, como arquivos com extensão OBJ, RIB, FBX, DXF etc., nativos de outros softwares como renderizadores externos, programas como Adobe Photoshop, Illustrator e AutoCad, entre outros.

15. Clique em Accept para aceitar a sugestão-padrão da Autodesk.

16. Com isso, foi criado um conjunto de pastas dentro da sua pasta principal.

OBSERVAÇÃO Dessa maneira, o Maya vai sempre guardar seus arquivos nas respectivas pastas. Por exemplo, quando você gerar uma imagem de render, ela será armazenada na pasta Images.

2.1.3.2 TRABALHANDO COM UM PROJETO EXISTENTE

Você sabe quando criar um novo projeto para desenvolver seu trabalho, mas, quando já houver um projeto existente, você apenas informa o local do projeto, de modo que o Maya focaliza sua atenção naquela pasta do projeto. Essa ação é conhecida como Set Project.

Acompanhe as instruções a seguir e configure o seu o projeto.

1. Clique em File e aponte para Set Project.

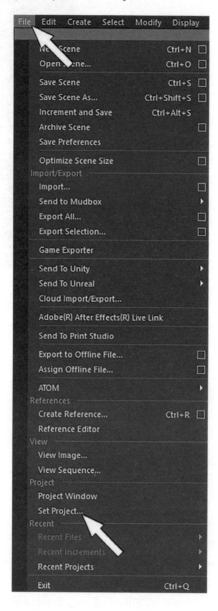

2. Procure e selecione a pasta ESCADAS_PREDIO.

3. Clique no botão Set.

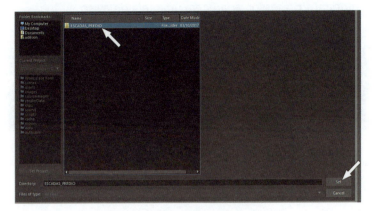

4. Desse modo, todas as referências do seu projeto serão direcionadas para essa pasta.
5. Clique em File/Open Scene.

6. Selecione o arquivo ESCADAS_PREDIO.mb, que está dentro da pasta Scenes, e clique no botão Open.

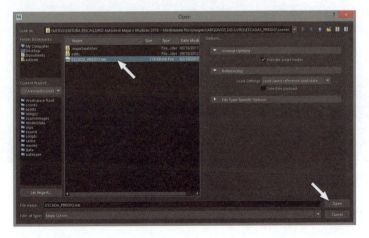

OBSERVAÇÃO   Se o Maya solicitar para salvar a janela atual, clique no botão Don't Save da janela Warning.

7. Como este livro é desenvolvido com base nos softwares Maya e Mudbox versão estudante/professor, aparecerá uma tela de aviso.

8. Clique em Continue, e o arquivo será aberto e apresentado na *viewport* Persp.

OBSERVAÇÃO Se a visualização não revelar a textura do personagem, pode ser que o seu Maya não esteja com o Arnold render ativado. Feche esse arquivo, não o salve e siga os passos indicados no Capítulo 7. Na sequência, abra novamente o arquivo Marrentim Modelado.mb.

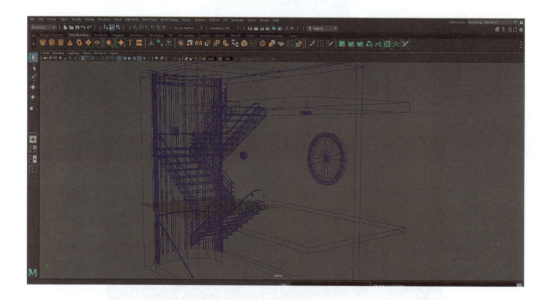

2.1.3.3 CONHECENDO AS CÂMERAS DE NAVEGAÇÃO UTILIZANDO UMA *SHELF* OCULTA

Shelves são pateleiras com botões de comando para agilizar seu trabalho. Logo você verá um pouco mais sobre elas.

As câmeras de navegação podem ser acionadas por botões na shelf General, que está oculta, ou utilizando teclas de atalho.

1. Clique na engrenagem do lado esquerdo da tela e depois em Load Shelf.

2. Selecione e clique em shelf_General.mel.

3. Dessa maneira, será exibida a *shelf* General.

4. Veja a seguir alguns botões das câmeras de navegação.

5. Algumas dessas câmeras são acionadas pelas teclas de atalho, conforme descrito na sequência:

Tumble Tool: faz a órbita na *viewport*.

Tecla de atalho: ALT + botão esquerdo do mouse.

Track Tool: faz o *pan* na *viewport*.

Tecla de atalho: ALT + botão do meio do mouse.

 Dolly Tool: move a câmera para frente ou para trás na *viewport*.

Tecla de atalho: ALT + botão direito do mouse.

 Zoom Tool: faz o *zoom* da lente.

Observação: Esse recurso altera a angulação da lente.

6. Pressione a tecla 6 para ativar a visualização de *shader*; esse recurso será abordado mais adiante.

7. Ative o botão Tumble Tool ou utilize o atalho botão esquerdo do mouse + Alt e faça a órbita da câmera, clicando sobre a *viewport* e arrastando para a esquerda, para a direita, para cima e para baixo.

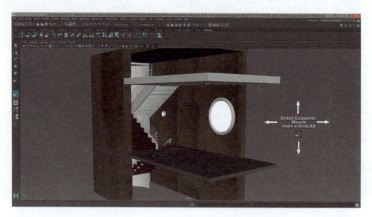

8. Ative o botão Track Tool ou utilize o atalho botão do meio do mouse + Alt e faça o *track* da câmera arrastando para a esquerda, depois para a direita, para cima e para baixo.

9. Faça o *dolly* da câmera ativando o botão Dolly Tool ou utilizando o atalho botão direito do mouse + Alt e arraste para a esquerda, depois para a direita, para cima e para baixo.

10. Navegue entre as *viewports*.
11. Navegue entre as *viewports* existentes.
12. Exiba as quatro *viewports* (Top, Front, Side e Persp), utilizando a barra de acesso ao Panel Layout, clicando no botão Four View.

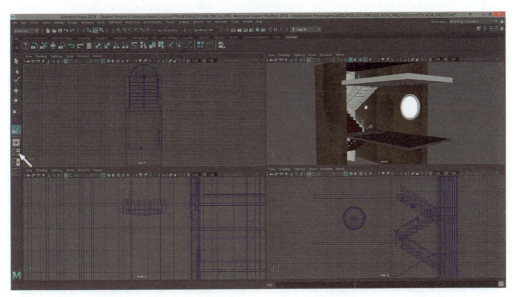

13. Exiba a viewport Persp (perspectiva), utilize a barra de acesso ao Panel Layout e clique no botão Single Perspective View.

14. Um atalho para permutar entre uma *viewport* escolhida e as quatro *viewports*: sobreponha o mouse sobre a *viewport* (não há necessidade de clicar) e aperte a tecla de espaço.

15. Pressione a tecla de atalho para visualizar as quatro vistas.

16. Mude para a *viewport* Front. Coloque o mouse sobre ela.

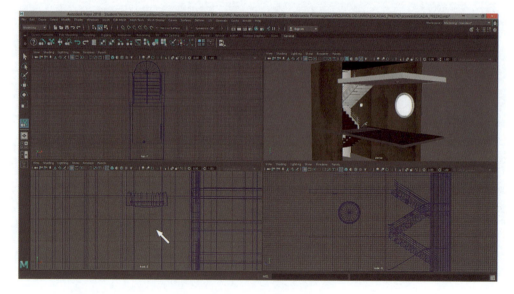

17. Pressione a tecla espaço. Observe na parte central inferior da *viewport* a palavra Front.

18. Pressione a barra de espaço para retornar para as quatro *viewports*.

2.1.3.4 AJUSTANDO O CONTEÚDO ÀS VIEWPORTS

Em vários momentos você terá de visualizar os elementos em *closes*. Uma maneira rápida para realizar essa ação é utilizar as teclas de atalho A e F.

1. Selecione qualquer objeto em cena. Para isso, pressione e tecla Q, para ativar a ferramenta Select, e clique em algum elemento da cena.

2. Pressione a tecla de atalho F para focalizar um objeto na *viewport* ativa.

3. Visualize as quatro vistas pressionando a barra de espaço de seu teclado.

4. Pressione as teclas de atalho Shift F para focalizar um objeto selecionado em todas as *viewports*.

5. Agora, pressione a tecla A para focalizar todos os objetos na *viewport* ativa.

6. Pressione a tecla de atalho Shift A para ajustar o conteúdo em todas as *viewports* simultaneamente.

7. Então, quando pressionar a tecla F, você terá um *close* do objeto selecionado. Quando pressionar a tecla A, terá um *close* em todos os elementos da cena.

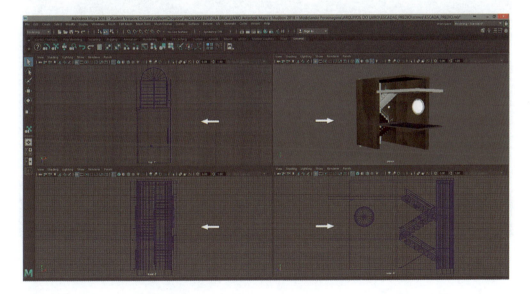

2.2 O AUTODESK MUDBOX 2018

O Autodesk Mudbox é o primeiro aplicativo de escultura e pintura em 3D avançado, de alta resolução, baseado em *brushs*, criado desde o início para atender às necessidades dos escultores digitais e artistas de textura. O Mudbox apresenta novos paradigmas de fluxo de trabalho e combina conceitos familiares de forma inovadora para oferecer uma solução única de modelagem e pintura de alta qualidade.

Hoje ele é utilizado por modeladores digitais atuantes em empresas que exigem flexibilidade, velocidade e o mais alto nível de detalhes e qualidade escultural.

Os pintores de textura são os responsáveis por criar texturas de alta qualidade, com mapas de detalhamentos, reflexos, brilhos e cores, entre outros mapas para conferir uma qualidade excelente às texturas.

O Mudbox foi projetado para manipular superfícies digitais de maneira orgânica. Os modelos podem ser importados de arquivos existentes ou gerados pelo próprio software utilizando um dos modelos fornecidos com o Mudbox. Com a escultura concluída, o modelo poderá ser exportado do Mudbox para ser acessado e renderizado em outros softwares tridimensionais.

Você também pode importar modelos de outros softwares tridimensionais, como Autodesk Maya, Autodesk 3Ds Max e Pixologic™ ZBrush® para esculpir no Mudbox. Para tanto, deverá utilizar os formatos de arquivo.obj ou.fbx.

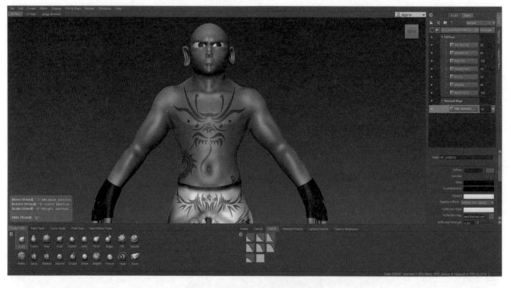

Figura 2.7 – Tela do Mudbox.

Em resumo, o Mudbox é um software excelente para modelagem em 3D, com o uso de um conjunto de ferramentas táteis em que se faz a modelagem como se fosse uma argila virtual. Ele também trabalha com pintura digital diretamente na geometria.

Na primeira vez que você abrir o Mudbox, a janela Mudbox Setup será exibida para permitir que o usuário defina o idioma e outras opções do aplicativo. Neste livro, foi utilizado English para a interface e para o help, mas, para os atalhos de teclado, foi deixado Mudbox.

Capítulo 2 – Conhecendo os Softwares

Figura 2.8 – Tela Setup Mudbox.

Apenas clique em OK para começar.

Figura 2.9 – Tela do Mudbox.

Histórico das versões do Autodesk Mudbox

- MUDBOX 1.07: outubro de 2007
- MUDBOX 2009 (v2): outubro de 2008
- MUDBOX 2010 (v3): agosto de 2009
- MUDBOX 2011 (v4): março de 2010
- MUDBOX 2012 (v5): abril de 2011
- MUDBOX 2013 (v7): abril de 2012
- MUDBOX 2014 (v8): abril de 2013
- MUDBOX 2015 (v9): abril de 2014
- MUDBOX 2016 (v10): abril de 2015
- MUDBOX 2017 (v11): julho de 2016
- MUDBOX 2018 (V12): julho de 2017

2.2.1 WORKSPACE

Você vai conhecer algumas janelas do Mudbox. A primeira delas é objeto List.

2.2.1.1 MENUS DO MUDBOX

Como qualquer software, no Mudbox há a barra de menus, onde estão disponíveis os comandos gerais para arquivos, edição, criação, malha, componentes das janelas, mapas de texturas, *renders*, janelas e ajuda do Mudbox.

File   Edit   Create   Mesh   Display   UVs & Maps   Render   Windows   Help

MENU FILE

Nesse menu, você encontrará várias funções, como salvar, nova cena, abrir, exportar, importar e sair, entre outras funções relacionadas ao arquivo.

MENU EDIT

Nesse menu, você encontrará funções como seleção, desfazer, travar seleção, congelar, descongelar e inverter congelado, entre outros recursos gerais para edição.

MENU CREATE

Como o próprio nome diz, esse menu é destinado à criação de malhas, luzes, câmeras, curvas e materiais, entre outras opções.

MENU MESH

No menu Mesh, você encontrará recursos relacionados à malha para aumentar subdivisões, diminuir subdivisões, navegar entre as subdivisões e reduzir e recriar a malha com outra topologia, entre outros recursos.

MENU DISPLAY

No menu Display, você oculta a geometria da seleção, isola a seleção e exibe *wireframe*, entre outros recursos.

MENU UVS & MAPS

Esse menu trabalha com os mapas de texturas da topologia.

MENU RENDER

Com esse menu, você poderá gerar a imagem final, gravar um vídeo da sua modelagem e também gerar um vídeo da modelagem em um giro de 360°, conhecido como Turntable Movie.

MENU WINDOWS

No menu Windows, você terá acesso a configurações de vários elementos do Mudbox, como teclas de atalhos, camadas e *layout*, entre muitas outras opções.

MENU HELP

Com o menu Help, você terá acesso à ajuda do Mudbox, *links* para comunidades do Mudbox e informações sobre a versão e sobre atualizações, entre outros recursos.

2.2.1.2 ÁREA DE PROPRIEDADES

Essa é a área inferior do quadro leste do Mudbox. Não possui quadros nem abas, e seu conteúdo muda de acordo com o que estiver selecionado no Mudbox. Por exemplo, ao selecionar um pincel, suas configurações serão mostradas nesse painel; ao selecionar um filtro de *viewport*, os parâmetros do filtro também estarão nesse painel.

tes no Mudbox. Para isso, acesse o menu Window/Properties e escolha a janela que deseja travar para os ajustes necessários durante seu trabalho.

2.2.1.3 ABAS DO MUDBOX

Essas abas separam recursos de visualização 3D, visualização de mapas para texturas e visualizador de imagens.

Figura 2.10 – Janela de propriedades para a seleção da ferramenta de esculpir Smooth.

Figura 2.11 – Abas do Mudbox.

3D VIEW

O 3D View é o espaço para a visualização da área de trabalho para modelagem 3D.

Você pode trabalhar com propriedades travadas também em janelas flutuan-

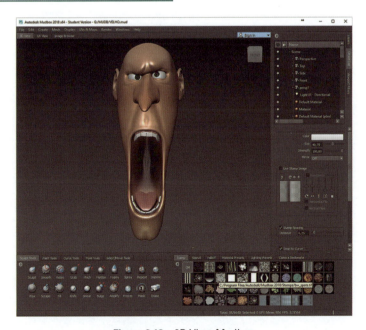

Figura 2.12 – 3D View Mudbox.

UV VIEW

O UV View é o espaço para visualização dos mapas de UVs, que viabilizam a aplicação de mapas como texturas, de detalhes e de brilhos, entre outros. Isso se aplica quando se utiliza o recurso de texturas UVs.

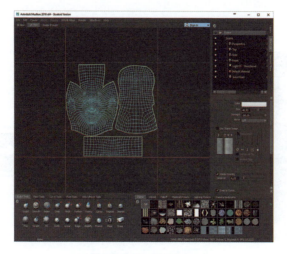

Figura 2.13 – UV View.

IMAGE BROWSER

Essa aba permite selecionar, visualizar e avaliar imagens 2D e texturas localizadas em seu disco rígido ou rede local.

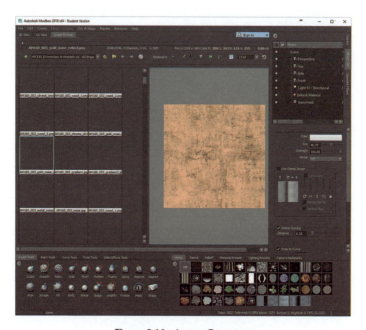

Figura 2.14 – Image Browser.

NOTA É necessária uma resolução mínima de 1280 x 1024 para visualizar o Image Browser.

Outras abas do Mudbox estão na lateral superior direita.

Figura 2.15 – Abas de janelas do Mudbox.

VIEWPORT FILTERS (FILTROS DA VIEWPORT)

Com esses filtros, você pode aprimorar sua visualização com efeitos de pós-produção dentro do Mudbox. Sem exportá-los para outro software, é possível melhorar a visualização da sua escultura por um *render* interno do Mudbox. Esses filtros alteram a imagem, deixando-a mais realista.

Figura 2.16 – Viewport Filters.

Ligando alguns filtros do Mudbox, você poderá também auxiliar a sua modelagem.

A Figura 2.17 está sem filtro.

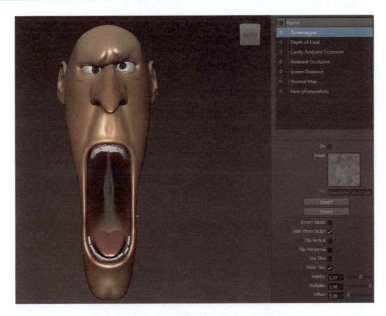

Figura 2.17 – 3D View Mudbox sem filtro.

Os filtros-padrão do Mudbox são:

- **Tonemapper:** permite alterar o tom da cor e a gama da vista 3D. Ajuste as propriedades Tonemapper para comprimir, expandir ou mudar a faixa tonal da cena renderizada.

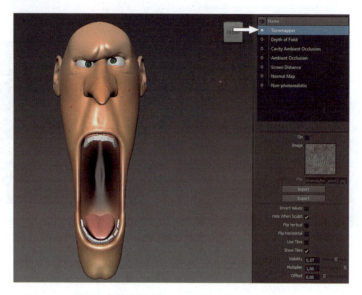

Figura 2.18 – 3D View com filtro Tonemapper.

- **Depht of Field:** permite simular a profundidade dos efeitos de campo inerentes às lentes ópticas da câmera em tempo real, ou seja, você controla a distância de foco de uma imagem, como uma lente fotográfica objetiva.

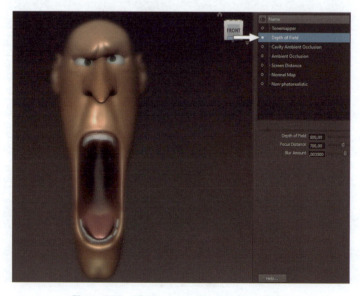

Figura 2.19 – 3D View com filtro Depth of Field.

Capítulo 2 – Conhecendo os Softwares 55

- **Cavity Ambient Oclusion:** esse filtro deixará as áreas com cavidades, como frestas, rachaduras e vincos, com uma sombra intensificada.

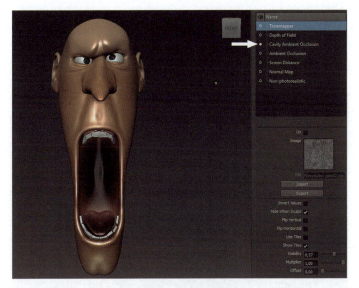

Figura 2.20 – 3D View com filtro Cavity Ambient Oclusion.

O filtro Cavity Ambient Oclusion permite simular os efeitos de oclusão que escurecem rachaduras, fendas, cantos e pontos de contato em superfícies renderizadas.

- **Ambient Oclusion:** filtro que dá à escultura um efeito de sombreamento em cantos mais escuros, o qual faz com que a escultura apresente um olhar mais realista, principalmente se tiver alto nível de detalhes.

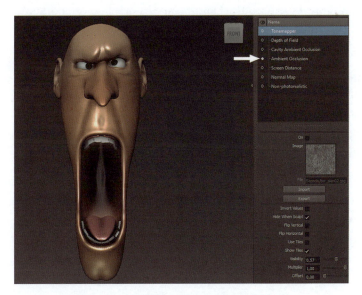

Figura 2.21 – 3D View com filtro Ambient Oclusion.

O filtro de oclusão-ambiente permite simular os efeitos de oclusão que escurecem rachaduras, fendas, cantos e pontos de contato em superfícies renderizadas.

- **Screen Distance:** exibe um mapa de profundidade dos objetos com um mapa que se degrada entre o branco e o preto, dependendo do ponto de vista da câmera e da posição dos objetos. Pode ser alterado em suas configurações e é extremamente útil para criar profundidade de campo na imagem final.

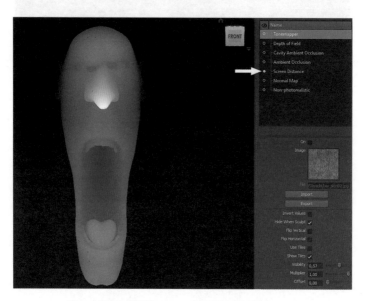

Figura 2.22 – 3D View com filtro Screen Distance.

A distância da tela é útil para criar rapidamente estêncis, selos ou mapas de deslocamento dos objetos esculpidos na cena. Ligar o filtro altera a exibição da visualização 3D para que os objetos se tornem sombreados de preto a branco com base na distância do ponto de origem da câmera.

- **Normal Map:** mostra objetos usando os valores de cores com base na orientação das normais de superfície. Normais, em um polígono, é praticamente o lado do polígono que possui apenas um lado e o software reproduz o lado oposto. Esse filtro é útil para visualizar mapas normais sem ter que fazer uso do extrato de textura característico de mapas.

O Mapa Normal tonifica objetos na cena, usando valores de cor RGB, de acordo com a orientação de suas normais de superfície. É útil para criar e visualizar rapidamente mapas normais simples, usando objetos esculpidos ou importados na cena, sem ter que empregar o recurso de mapas de textura de extrato.

Figura 2.23 – 3D View com filtro Normal Map.

- **Non-Photorealistic:** torna sua vista 3D uma imagem desenhada à mão em um papel. Para ligar ou desligar esses filtros, basta clicar no ícone redondo localizado antes do nome dos filtros. Suas configurações podem ser ajustadas no menu inferior de propriedades, que aparece quando o filtro desejado é selecionado.

O efeito não fotorrealista exibe objetos na cena com a aparência de que foram desenhados à mão, semelhante ao esboço. Esse filtro é útil se você desejar apresentar o seu trabalho esculpido, por isso parece mais conceitual em termos de desenvolvimento.

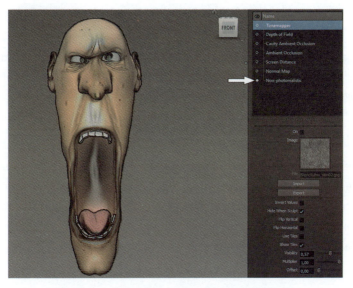

Figura 2.24 – 3D View com filtro Non-Photorealistic.

2.2.2.8 OBJECT LIST (LISTA DE OBJETOS)

Como o próprio nome informa, essa aba contém uma lista de objetos na cena. Possibilita visualizar imagens de planos, luzes, câmeras, materiais e malhas poligonais.

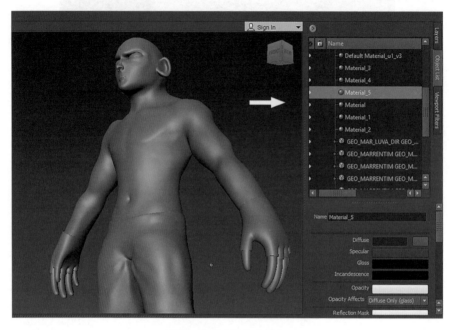

Figura 2.25 – Object List.

Você pode filtrar os objetos que está visualizando por meio do menu suspenso na parte superior e marcar apenas o que for de seu interesse em determinado momento do trabalho. Essa é uma boa prática de trabalho, pois permite modificar apenas os objetos que estão visíveis em sua lista de objetos.

A lista de objetos é bem similar ao Outliner do Maya, e você também pode usá-lo em uma janela solta dentro do Mudbox. Para isso, basta acessar o menu Window e clicar em Object List. Isso permitirá que você o use até em outro monitor, se desejar.

2.2.2.9 SCULPT LAYERS

As camadas de escultura possibilitam que você organize sua escultura e combine formas e detalhes de forma não destrutiva. Você pode criar uma camada e então esculpir de modo que apenas os novos detalhes apareçam nela. Para modificar sua escultura naquela camada, pode-se executar uma escultura adicional ou remover a camada sem afetar os detalhes na malha-base. As camadas Sculpt combinam de forma aditiva.

O comportamento das camadas do Mudbox é muito parecido com o das camadas do Photoshop, por exemplo, mas gravam informações de escultura em 3D.

No exemplo a seguir, foi criada geometria em quatro *layers* de escultura (Sculpt).

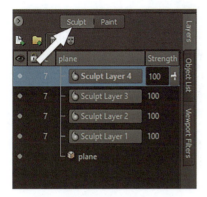

Figura 2.26 – *Layers* Mudbox.

Somente a geometria-base está ligada.

Figura 2.27 – Geometria-base.

Gerado um detalhe na primeira *layer* que está ligada com a base, as demais *layers* estão desligadas.

Figura 2.28 – Base + *Layer* 1.

Gerado um detalhe na segunda *layer* que está ligada com a base, as demais *layers* estão desligadas.

Figura 2.29 – Base + *Layer* 2.

Gerado um detalhe na terceira *layer* que está ligada com a base, as demais *layers* estão desligadas.

Figura 2.30 – Base + *Layer* 3.

Gerado um detalhe na quarta *layer* que está ligada com a base, as demais *layers* estão desligadas.

Figura 2.31 – Base + *Layer* 4.

Tem-se a visualização da base com todas as *layers* de geometria ligadas.

Figura 2.32 – Base + todas as *layers*.

As camadas Sculpt permitem:

- Manter elementos esculpidos separadamente um do outro.

- Esculpir em uma região de uma malha sem afetar outras áreas. Você pode criar uma camada de escultura e depois esculpir para que os novos detalhes sejam separados da malha original. Se for preciso modificar sua escultura naquela camada, você pode executar uma escultura adicional nessa camada, alterar a força da camada, separar as regiões temporariamente ou removê-la sem afetar detalhes em outras camadas ou na malha-base. Dessa forma, é possível combinar formas e detalhes de maneira não destrutiva.

- Usar máscaras de camada para ocultar trechos da camada.

Como as camadas Sculpt se combinam de modo aditivo, a ordem das camadas não é importante para o resultado final.

NOTA Uma camada de Sculpt é automaticamente bloqueada no nível de subdivisão no qual é editada pela primeira vez. A camada está disponível para modificação somente quando esse nível de subdivisão é exibido. É importante lembrar isso quando você precisar executar qualquer operação subsequente nessa camada.

PESQUISA

Conheça mais sobre o Autodesk Maya e o Mudbox acessando o *link* indicado a seguir.

Area Autodesk

Disponível em:<https://area.autodesk.com/>. Acesso em: 16 nov. 2017.

CONCLUSÃO

Neste capítulo, você conheceu o software Maya e o Mudbox, o poder de atuação de cada um e os respectivos *layouts*. Além disso, praticou a navegação pela interface do Autodesk Maya.

EXERCÍCIOS

Nos exercícios a seguir, assinale a alternativa correta.

1. Quando surgiu a primeira versão do Maya?

    a. 1988.

    b. 2008.

    c. 1980.

    d. 1998.

2. Qual é o manipulador de escala?

    a.

    b.

    c.

3. No Maya, para que servem as *shelves*?

    a. As *Shelves* guardam as ações e as ferramentas mais utilizadas, permitindo acesso em um ícone.

    b. As *Shelves* são ações para animação de elementos.

    c. As *Shelves* são recursos para navegação tridimensional.

    d. As *Shelves* são recursos de importação e exportação.

4. No Mudbox, qual é a utilidade do Image Browser?

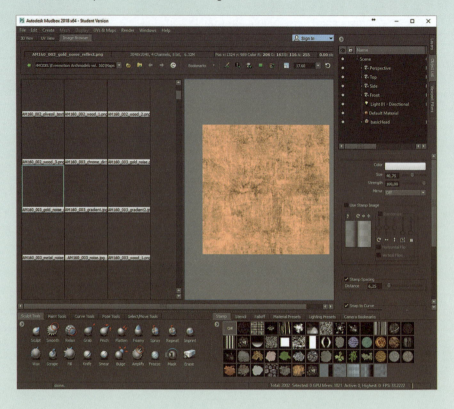

a. Essa aba serve apenas para navegar no seu sistema operacional.

b. Essa aba permite visualizar apenas arquivos do Mudbox.

c. Essa aba permite selecionar, visualizar e avaliar imagens 2D e texturas localizadas em seu disco rígido ou rede local.

d. Essa aba permite selecionar modelos do Mudbox.

5. O Mudbox é um software destinado a que tipo de atividade?

a. Animação.

b. Efeitos especiais.

c. Modelagem e pintura.

d. Rigging.

MODELAGEM

Objetivos

Este capítulo tem o objetivo principal de gerar a modelagem do rosto do personagem. Para isso, você passará pelas etapas de configuração de uma mesa digitalizadora, entenderá o fluxo de trabalho antes de esculpir e conhecerá as ferramentas do Mudbox para escultura a fim de desenvolver a modelagem de um rosto.

3.1 FLUXO DE TRABALHO

Não existe o melhor caminho ou um fluxo de trabalho correto para a modelagem de um personagem. Cada artista adota um método e segue um padrão. Podem-se criar um *base mesh* no Maya, modelar no Mudbox, gerar a retopologia no Maya, abrir a malha no Maya, gerar detalhamento e a pintura no Mudbox, e finalizar com esqueleto, pose, luz, animação e *render* no Maya.

Normalmente, o modelo desenvolvido por escultura digital já é utilizado para analisar volumes, formas e expressões e, com isso, analisar se o conceito está dentro da proposta. O modelo é enviado para outros softwares de animação, para os devidos ajustes e continuidade do projeto. A malha poligonal em alta resolução feita dentro do Mudbox precisa ser otimizada dentro de uma topologia correta, com vistas a obter a naturalidade de uma animação gerada pelo Maya.

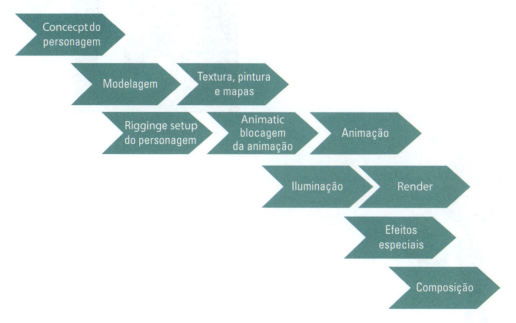

Figura 3.1 – Estágio do fluxo de trabalho 3D.

3.2 CONFIGURAÇÃO DA MESA DIGITALIZADORA

Para o bom desempenho da ferramenta, é necessário utilizar uma mesa digitalizadora, a qual permite o uso dos recursos de pressão oferecidos pelo Mudbox e o Maya. A pergunta que você deve estar se fazendo é: se o Maya não tem uma *shelf* (prateleira de recursos) com ferramentas iguais às do Mudbox, por que dois softwares? Simples: a arquitetura do Maya não comporta a mesma quantidade de polígonos que o Mudbox, ou seja, você consegue gerar uma malha densa no Mudbox, até mesmo para inserir deformações que simulam poros na pele do personagem, entretanto, no Maya, esse trabalho seria árduo.

Um dos fluxos de trabalho funcionais para gerar um personagem com uma topologia correta consiste em montar uma base (*base mesh* – base inicial de modelagem, ou seja, estrutura grosseira a ser lapidada) no Maya, dar o comando para continuar no Mudbox, esculpir, devolver para o Maya, onde será recriada a malha com a topologia correta, abrir a malha do personagem, devolver para o Mudbox novamente, detalhar a modelagem do personagem e, por fim, devolver para o Maya a malha do personagem em *low poly*, isto é, com poucos polígonos, com os mapas gerado pelo Mudbox. Dessa maneira, tem-se um personagem com poucos polígonos, mas um detalhamento na malha como se fosse uma modelagem em *high poly*, com muitos polígonos.

É necessário usar três botões do mouse no Mudbox, no entanto, como você vai trabalhar com uma mesa digitalizadora, é imprescindível configurar os três botões nela também. O clique esquerdo será o toque da caneta na mesa; para os outros dois botões, direito e meio do mouse, configure nas propriedades de sua mesa digitalizadora a qual botão da caneta cada um corresponderá. Na figura, é mostrada a configuração da mesa Wacom.

1. No Windows, faça uma pesquisa utilizando apenas "wac", para acessar as configurações para uma mesa da marca Wacom, como exemplo dessa explicação.

2. Você vai visualizar as configurações da mesa – Propriedades da Mesa Gráfica Wacom.

3. Com o Mudbox e o Maya abertos, configure os botões da caneta para esses aplicativos, clicando em + da seção de Aplicativos.

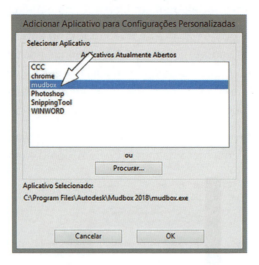

4. Selecione o aplicativo Mudbox e altere as configurações da caneta, conforme se vê abaixo ou de acordo com sua preferência.

5. Altere a configuração de Clique direito para Clique meio e de Clique duplo para Clique direito.

6. Repita o procedimento para o Autodesk Maya.

7. Feche a janela de Propriedades da Mesa Gráfica Wacom.

3.3 PREPARANDO UM MODELO PARA ESCULPIR

Embora você vá ser apresentado a alguns assuntos nos capítulos posteriores, é necessário conhecer algumas práticas auxiliares para a preparação da modelagem. O Mudbox trabalha com modelos poligonais criados em outros aplicativos de modelagem em 3D e, em seguida, os importa. A menos que esteja usando uma das malhas poligonais pré-fabricadas, conhecidas como *base mesh* e fornecidas com o Mudbox, você deve primeiro criar um modelo poligonal usando outra aplicação de modelagem poligonal 3D, exportar o modelo empregando os formatos de arquivo.fbx ou.obj e, em seguida, importá-lo para o Mudbox.

Por padrão, o Mudbox verifica automaticamente as malhas FBX ou OBJ para verificar possíveis problemas de importação, antes que você invista seu tempo esculpindo ou pintando. Se você desativou essa preferência, selecione Edit > Validate Meshes para executar esse procedimento manualmente.

Considere os itens apresentados a seguir ao construir um modelo em um aplicativo de modelagem 3D para posterior importação para o Mudbox:

3.3.1 COORDENADAS DE TEXTURA UV

Ajustar as coordenadas de texturas UV é muito importante para um bom fluxo de trabalho. Por exemplo, se você planeja esculpir um modelo em Mudbox e extrair um normal ou *displacement map* para que ele possa ser aplicado a uma malha de baixa resolução para uso em outra aplicação, assegure-se de que o modelo poligonal tenha UVs e que eles não se sobrepõem.

No Maya existem ferramentas de edição UV que permitem verificar e corrigir a sobreposição de UVs.

3.3.2 QUANTIDADE DE LADOS DE UM POLÍGONO

Recomenda-se esculpir modelos de polígonos usando polígonos de quatro lados (*quads*). Os polígonos de três lados e n lados são totalmente suportados, mas alguns artefatos visuais podem aparecer quando as regiões de três lados do modelo estão subdivididas em níveis mais altos.

3.3.3 TAMANHO E FORMA DE FACES DE POLÍGONO

As faces poligonais do modelo devem ter tamanho e forma iguais, de modo que criem regiões menores com tamanho e forma iguais e seguem bem os detalhes quando subdivididos. Quando algumas faces são mais longas ou mais largas, o detalhe esculpido também pode ser desigual ou distorcido por comparação.

3.3.4 EDGE LOOP/RING FLOW

A distribuição e a disposição iniciais de *edge loop* e *ring flow* no modelo importado têm impacto na escultura. Uma boa prática é criar um modelo especificamente para esculpir em vez de esculpir no modelo que foi construído para a animação. Embora um modelo possa ser construído de forma a antecipar seu uso para manipulação ou animação ou recursos visuais específicos, isso pode limitar as opções para esculpir recursos ou promover mudanças no projeto. Por essa razão, em alguns fluxos de trabalho, você pode esculpir sem preocupação com a topologia, porque, após finalizar, a topologia é reconstruída com o propósito de criar os *edge loops*, facilitando a modelagem e a animação.

3.3.5 LOCALIZAÇÃO DO MODELO EM X, Y E Z

Se você quer executar operações de escultura simétricas no modelo, assegure-se, antes de começar, de que ele esteja posicionado no centro da Visualização 3D em X, Y, Z (0, 0, 0). Enquanto o Mudbox fornece recursos para trabalhar em modelos e modelos assimetricamente representados que foram deslocados da origem X, Y, Z (dentro do Mudbox), em geral, os melhores resultados são alcançados quando o modelo está localizado na origem.

3.3.6 TOPOLOGIA DE UM POLÍGONO

O Mudbox suporta superfícies de polígono com um máximo de 16 bordas.

Algumas aplicações de modelagem 3D fornecem ferramentas para verificar e subsequentemente corrigir as configurações não suportadas acima descritas. Por

exemplo, o Autodesk Maya inclui um recurso chamado Mesh > Cleanup.

NOTA O Mudbox não suporta arquivos, atributos ou caminhos de diretório que usem caracteres de byte duplo nos nomes (como encontrado em japonês, coreano e chinês). As *strings* de texto devem ser restritas apenas a caracteres de byte único (alfabeto latino). O uso de *strings* de texto que contêm caracteres de byte duplo (ASCII estendido) pode resultar em erro ou em perda de dados.

3.4 SCULPT TOOLS (FERRAMENTAS DE ESCULPIR)

É na aba de ferramentas de esculpir que você seleciona as ferramentas que manipulam a geometria ou a forma do seu modelo. Você pode escolher entre vinte ferramentas-padrão, e todas têm propriedades que podem ser personalizadas para sua sessão de trabalho.

Por padrão do Mudbox, selecione rapidamente os itens nas bandejas usando as teclas numéricas do teclado. Ao pressionar as teclas 1 a 9, seleciona-se a ferramenta correspondente na bandeja ativa. Utilizando o botão do meio do mouse, arraste as ferramentas usadas com frequência para as primeiras nove posições em uma bandeja.

Ícone	Nome	Função
	Sculpt	Constrói as formas iniciais e move vértices em uma direção determinada pela média de todos os normais dentro do limite do cursor da ferramenta. Use a propriedade *Direction* para modificar a configuração-padrão (por exemplo, câmera, X, Y, Z, e assim por diante).
	Smooth	Em relação aos vértices de um polígono, essa ferramenta analisa os níveis de posição e reposiciona todos em uma relação mediana, ou seja, suaviza a modelagem.
	Relax	Reposiciona os vértices na superfície sem afetar sua forma original; em outras palavras, suaviza a topologia da malha, mantendo seu formato original.
	Grab	Seleciona e move vértices com base na distância e na direção em que você arrasta. Útil para fazer ajustes na forma do modelo. Modifica a propriedade de direção para restringir o movimento da ferramenta, por exemplo, XY restringe o movimento do vértice no plano XY.
	Pinch	Puxa vértices em direção ao centro do cursor da ferramenta. Útil para dar a definição de um vinco ou uma quina mais acentuada.
	Flatten	Nivela os vértices afetados, movendo-os em direção a um plano comum. Útil para achatar áreas.
	Foamy	Semelhante à ferramenta *Sculpt*, mas com um toque mais suave. Útil para a criação de formas iniciais. Não é indicada para trabalhos de detalhamento.
	Spray	Utilizada para fazer detalhes mais refinados, essa ferramenta necessita de um *Stamp*. A imagem será projetada ao longo do cursor de forma aleatória para a deformação na escultura. Por padrão, essa ferramenta utiliza um *Stamp*.
	Repeat	Útil para a criação de padrões em uma superfície. Por exemplo, rebites sobre a asa de um avião, efeitos zíper, pontos no tecido, e assim por diante. Por padrão, essa ferramenta utiliza um *Stamp*.
	Imprint	Ao clicar, segurar e arrastar, você projetará uma imagem *Stamp* para a superfície, que ficará deformada conforme o desenho do *Stamp*. Por padrão, essa ferramenta utiliza um *Stamp*.
	Wax	Constroem-se as áreas de um modelo, adicionando ou removendo material de sua superfície, bem como o trabalho com argila ou cera, ou seja, se você tem uma superfície com muitos detalhes, ao utilizar essa ferramenta, adicionará material, como se coloca um pedaço de argila sobre a superfície.
	Scrape	Úteis para minimizar ou remover recursos salientes. Rapidamente calcula um plano (com base nas posições dos vértices sempre que o cursor é colocado primeiro) e, em seguida, achata quaisquer vértices acima do plano.
	Fill	Preenche cavidades na superfície do modelo de cálculo de um plano (com base na média dos vértices dentro do cursor da ferramenta) e, em seguida, puxa os vértices sob o plano.
	Knife	Corta traços finos em uma superfície. Por padrão, essa ferramenta utiliza um *Stamp*.

▶

70 Autodesk Maya e Mudbox 2018

Ícone	Nome	Função
	Smear	Move os vértices na direção do movimento, ou seja, você trabalha diretamente na topologia da superfície.
	Bulge	Desloca a região selecionada pela ferramenta, movendo cada vértice afetado ao longo da sua normal. É apropriado para criar um efeito de protuberância. Essa ferramenta age como se inflasse a geometria.
	Amplify	Oposto da ferramenta *Flatten*. Útil para concepção e detalhamento; acentua ainda mais as diferenças existentes nos vértices afetados em relação uns aos outros, movendo-os longe de um plano comum.
	Freeze	Bloqueia os vértices de modo que não podem ser modificados enquanto você esculpir. É possível congelar os vértices sobre o nível de subdivisão de base, bem como em camadas de esculpir. Por padrão, as faces congeladas aparecem em azul.
	Mask	Permite pintar valores de opacidade em regiões esculpidas. Funciona apenas em camadas *Sculpt*, e não no nível de subdivisão de base para o modelo. Cada camada *Sculpt* pode ter sua própria máscara.
	Erase	Remove escultura a partir de camadas. Qualquer escultura na malha-base original permanece inalterada, ou seja, essa ferramenta só trabalha em camadas.

Para habilitar as propriedades da ferramenta, é necessário clicar sobre ela para ter acesso ao painel. A maioria das ferramentas Sculpt apresenta essas propriedades.

3.4.1 PROPRIEDADES DAS FERRAMENTAS DE ESCULTURA

É importante ficar atento quando uma ferramenta utiliza um selo, pois significa que faz uso de uma imagem de apoio.

Propriedade	Descrição
Size	Define o raio da ferramenta. Ele é medido em unidades de espaço do mundo. Um tamanho 100 corresponde a um raio de 100 centímetros. Na tela 3D View, você altera o tamanho da ferramenta pressionando a tecla B e arrastando para a direita ou para a esquerda o botão esquerdo do mouse.
Strength	Determina quanto a ferramenta afeta a superfície. Dependendo da ferramenta, esse valor representa uma porcentagem da potência máxima disponível ou uma altura expressa em unidades espaciais mundiais. Na tela 3D View, você altera a força da ferramenta pressionando a tecla M e arrastando para cima ou para baixo o botão esquerdo do mouse.

Propriedade	Descrição
Mirror	O espelho afeta o que você fizer de um lado do modelo para o outro ao longo do eixo especificado: Off: espelho desligado. X: reflete para o espaço no eixo X. Y: reflete para o espaço no eixo Y. Z: reflete para o espaço no eixo Z. X Local: reflete no espaço local eixo X. Y Local: reflete no espaço local eixo Y. Z Local: reflete no espaço local eixo Z. Tangente: reflete traços por meio da linha central topológica de um modelo topologicamente simétrico. Para usar espelhamento de espaço tangente em um modelo, você deve primeiro definir o centro topológico do modelo.
Invert Function	Inverte a função da ferramenta. Se a função é levantar a superfície, ao inverter, ela irá empurrá-la para baixo. Você também pode pressionar Ctrl para inverter a função.
Use Stamp Image	Permite esculpir com o selo selecionado. A ferramenta vai afetar a superfície do modelo baseado na escala dos valores de cinza na imagem do selo. Em valores mais escuros, a intensidade será mais baixa; em valores mais claros, como branco, a intensidade será mais alta. Em outras palavras, branco puro será 100% da intensidade e preto puro será 0%.
Orient to Stroke	Orienta o selo ao longo do cursor do seu desenho.
Rotate, Horizontal, and Vertical Flip	Gira o selo 3 inverte a posição, espelhando para horizontal e vertical.
Randomize	Liga os controles deslizantes aleatórios para a ferramenta selo. Passe o mouse sobre as alavancas e várias opções serão mostradas exemplificando suas funções.
Stamp Spacing	Controla a distância entre as impressões que a sua ferramenta faz quando você esculpir com selo sobre a superfície. Quanto maior a definição, maiores as lacunas visíveis no curso. A configuração-padrão é de 6,25, o intervalo é entre 0 e 100. Esse é um valor relativo, dependendo do tamanho e da queda de sua ferramenta.
Snap to Curve	Quando ativada, a ferramenta se encaixa a uma curva ativa quando o cursor viaja na distância especificada.
Snap to Curve Distance	Define a distância da curva do cursor. O padrão é 60.
Steady Stroke	Quando o cursor de estabilidade é ligado, você começa a desenhar um traço na superfície do seu modelo e um vetor com o tamanho especificado pela distância do Steady Stroke. Quando o final da distância é atingido, a ferramenta selecionada fará o seu trabalho ao longo desse vetor. É ideal para desenhos mais suaves e curvas.
Buildup	Especifica a taxa em que a deformação do pincel cresce para atingir o valor de força (assumindo uma pressão constante da caneta).
Flood	Aplica-se a ferramenta de modo uniforme por toda a superfície. Não se aplica a áreas da superfície que são escondidas ou congeladas.
Reset	Redefine as propriedades da ferramenta para os valores-padrão.
Grab Silhouette	Específico para o pincel Grab. Quando ativada, a ferramenta agarra os lados da frente e de trás da silhueta da malha para modificá-la uniformemente. Para um melhor controle, use uma vista ortográfica (superior, lado) ao aplicar essa ferramenta.

72 Autodesk Maya e Mudbox 2018

Propriedade	Descrição
Follow Path	Específico para o Grab pincel. Faz a malha seguir o caminho do seu movimento. Avança mais lentamente para prolongá-la ainda mais.
Falloff	Permite especificar a força da ferramenta em relação ao seu ponto de centro para a borda externa. O Falloff é representado como uma curva que pode ser editada.
Snap	Restringe os pontos para a grade.
Store To	Salva a curva modificada, na bandeja do *Sculpt*.
Falloff Image	Clique com o botão direito do mouse na imagem do gráfico na janela Propriedades para as seguintes opções: Ponto de Inserção: insere um ponto de novo sob o cursor. Selecione Ponto: seleciona o ponto sob o cursor. Excluir Ponto: apaga o ponto sob o cursor.
Falloff based on Facing Angle	Quando ligado, o Mudbox reduz o efeito do *Sculpt* ou ferramenta de pintura sobre as partes do modelo que estiver afastado a partir da câmera. Você pode definir os valores-limite para a queda usando Ângulo Falloff Start, com valores variáveis. Por exemplo, se o ângulo inicial Falloff estiver definido para 85, e a Faixa de Falloff for definida como 5, colidirá com um ângulo de frente de 0 para 85 graus. De 85 a 90 graus, a queda vai do nada para a cheia. Para faces com ângulos de frente para mais de 90 graus, o pincel não tem efeito nenhum.
Falloff Start Angle	Define o ângulo máximo de queda abaixo do qual não é aplicado. A gama permite valores de 0 a 90.
Falloff Range	O número de graus em que a queda continua de mínimo a máximo. O intervalo permitido é de valores entre 0 e 180, menos o valor Start Falloff Angle. Por exemplo, se você definir o ângulo inicial Falloff a 45, o Range Falloff pode ser de 0 a 135.
Advanced: Remember Size	Preserva o tamanho da ferramenta após a sua utilização. Quando desligada, a ferramenta herda o tamanho usado anteriormente.
Orient To Surface	Orienta a exibição do cursor da ferramenta (na vista 3D) ao longo da normal da face sob o centro do anel de cursor. Influencia o visor do cursor, mas não o efeito do *brush* sobre a superfície.
Draw From Center	Específico para a ferramenta Imprint. Define como a imagem do selo se expande para fora de onde você clicar e arrastar para a aplicar. Quando ativado (padrão), o centro do selo está ancorado onde você clicar. Quando desligado, a borda do selo está ancorada. Manter essa opção pode ser útil, especialmente quando se utiliza um mapa de deslocamento como seu selo.
Affects All Layers	Específico para a ferramenta Smooth. Quando ligado, todas as camadas de esculpir são afetadas pela ferramenta. Quando desligado, afeta apenas a camada de esculpir atual.

Propriedade	Descrição
Update Plane	Específico para o Flatten, Wax, Scrape, Fill e as ferramentas de Contrast. Recalcula o plano da ferramenta subjacente para cada selo em um traçado. Quando desligado, o plano de base é determinado pelo selo inicial e permanece fixo ao longo da duração do curso.
Whole Stroke	Específico para o Flatten, Wax, Scrape, Fill e as ferramentas de Contrast quando a opção Update Plane estiver ligada. Continuamente recalcula o plano da ferramenta subjacente de todos os vértices afetados durante o curso.
Smooth Values	Específico para o Freeze, Mask e Erase. Muda o pincel atual da aplicação de congelamento ou encobrir (dependendo da ferramenta selecionada) para que os borrões sejam afetados de forma gradativa; é visualmente detectado pela cor do borrão. Isso só funciona se os valores Liso & Paint estiverem desligados. Tecla de atalho: Shift.
Smooth & Paint Values	Específico para o Freeze, Mask e Erase. Aplica-se o congelamento ou a máscara (dependendo da ferramenta selecionada), enquanto borra a cor por informações de vértice.
Min Size	Especifica o menor valor quando a pressão é aplicada para a caneta, expresso como uma porcentagem de propriedade da ferramenta de tamanho. Por exemplo, um tamanho mínimo de 100 indica que não existe variação de tamanho, independentemente da pressão aplicada.
Min Strength	Especifica qual a pressão relativa de acordo com a pressão aplicada pela caneta, expressa como uma porcentagem do valor da força primária da ferramenta. Por exemplo, uma força mínima de 100 indica que não existe variação de força, independentemente da pressão aplicada.
Direction	Especifica a direção dos vértices de movimento quando afetados por uma ferramenta: Centro Normal: desloca vértices na direção da normal da face diretamente abaixo do centro da ferramenta. Média Normal: move vértices na direção da média das normais de todas as faces afetadas. Vértice Normal: move cada vértice na direção de sua própria normalidade. Para a frente: move vértices na direção do curso. Direito: vértices se deslocam perpendicularmente à direção do curso. X: move vértices ao longo do espaço do mundo eixo X. Y: move vértices ao longo do espaço do mundo eixo Y. Z: move vértices ao longo do espaço do mundo Z-Axis. Câmera: move vértices em direção à câmera. Tela (configuração-padrão para o pincel Grab): move vértices ao longo do plano da tela.

3.5 INÍCIO DA MODELAGEM DO ROSTO

Para essa ação, você vai utilizar um primitivo pelo Autodesk Mudbox.

Toda a movimentação nas *viewports* é igual à do Maya. Para acessar e/ou configurar atalhos ou compartimentos do Mudbox, acesse Windows® Hotkeys.

3.5.1 CRIANDO BASE MESH

1. Abra o Mudbox.

2. Clique em OK para a janela What's New Highlight Settings.

3. Escolha a esfera com que vai começar.

4. Lembre-se dos movimentos necessários para o trabalho com o Mudbox.

5. Ative o MIRROR em X.

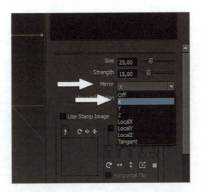

6. Pressione a tecla 1 para ativar a ferramenta Sculpt.
7. Clique na palavra "Front" do View Cube.

NOTA   As sugestões de configuração de Size e Strength estão embasadas em uma mesa digitalizadora Intuos Media da marca Wacom. Portanto, é importante utilizá-la como referência.

---

8. Ajuste o pincel para Size 40, pressionando a tecla B mais o botão esquerdo do mouse. Pressione, segure e arraste para a esquerda para diminuir ou para a direita para aumentar.
9. Ajuste a força para Strength 70, pressionando a tecla M mais o botão esquerdo do mouse. Movimente para cima para aumentar ou para baixo para diminuir.

10. Desligue a visualização do *grid*, clicando em Display → Grid.

11. Faça a marcação dos olhos. Lembre-se de utilizar o Ctrl para inverter a função da ferramenta, que, neste caso, deverá amassar a malha do personagem. Ao realizar essa tarefa, é comum afundar e suavizar com Shift e afundar novamente até chegar à forma desejada. Procure ajustar a malha, conforme se vê na imagem a seguir.

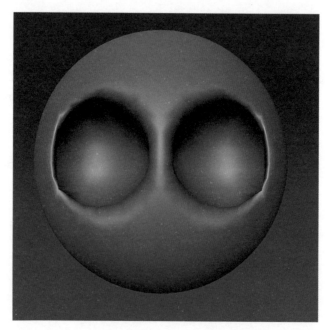

12. Salve sua cena, pressionando a tecla Ctrl S.
13. Insira o nome do personagem Marrentim ou utilize um nome de sua preferência.
14. Clique em Salvar.

OBSERVAÇÃO Sempre que aparecer apenas o nome da ferramenta e as configurações, faça o mesmo em seu Mudbox. Veja o exemplo: Ferramenta Sculpt: Size 20, Stregth 30, significa alterar para a ferramenta Sculpt tamanho 20 e força 30.

15. Pressione Shift e suavize um pouco os olhos e a região do nariz.

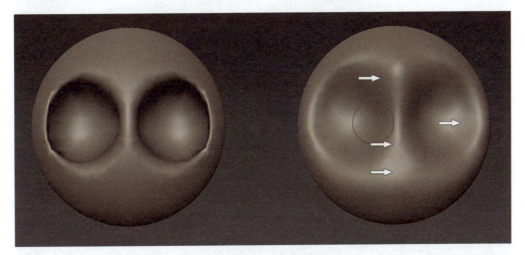

16. Pressione Shift D para aumentar a malha e ajuste a marcação do nariz, conforme se vê a seguir.
17. Ative a ferramenta Grab e, em seguida, altere o Size para 40 e Strenght para 100.
18. Faça a marcação do nariz.

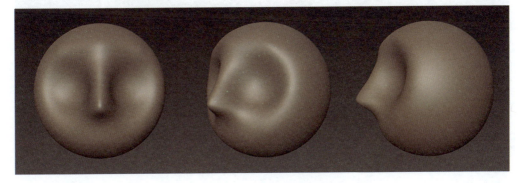

19. Para um melhor balanço dos polígonos, utilize sempre a tecla Shift para suavizar a malha e refazer a modelagem. Esse processo é realizado repetidamente, modelando e suavizando, até chegar à forma desejada. Lembre-se de que cada pessoa tem a própria maneira de modelar, pois não existe um caminho apenas, cada um tem o seu mapa mental.

20. Salve sua cena, pressionando Ctrl S.

21. Com a mesma ferramenta, ajuste um pouco mais a testa do personagem, segundo a imagem a seguir (ferramenta Grab: Size 75: Stregth 100).

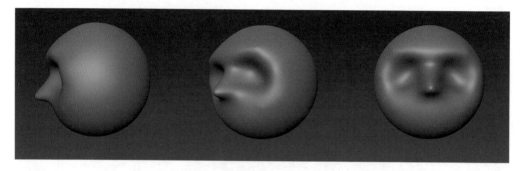

22. Ajuste também o queixo do personagem, conforme indicado na imagem seguinte.

23. Estique um pouco mais e suavize com o Shift. Esse processo é repetitivo, mas funcional.

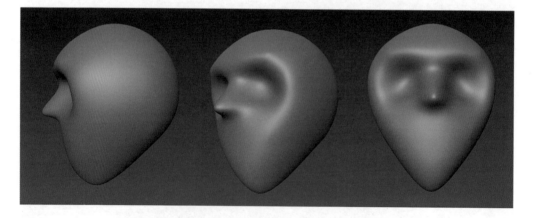

24. Insira uma esfera para compor o olho do personagem, clicando em Create Mesh → Sphere.

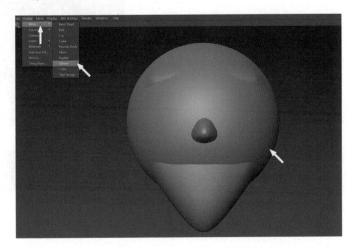

25. Depois que você aplicou o comando nova esfera, aparecerá um novo objeto na tela e também na lista de objetos com o nome Sphere. Renomeie com o nome Olho_Esq, no object list. Clique com o botão direito do mouse, sobre o nome sphere1, e aponte para rename object.

26. Insira o nome Olho_Esq e clique em OK.

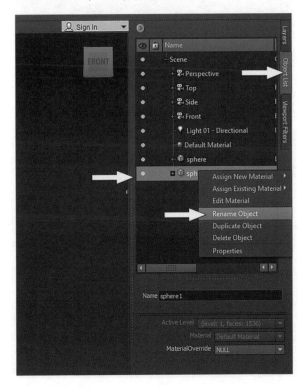

27. Repita o procedimento para o rosto que está com o nome de sphere e altere para Rosto.

28. Se você não colocar o cadeado para bloquear o objeto, quando modelar uma parte de um objeto, poderá afetar qualquer geometria na região. Por isso, proteja o rosto do personagem, clicando no cadeado do objeto, conforme se vê na imagem ao lado.

29. Selecione o Olho_Esq e faça o ajuste na região do globo ocular esquerdo do personagem. Para isso, acesse o comando Select/Move Tools.

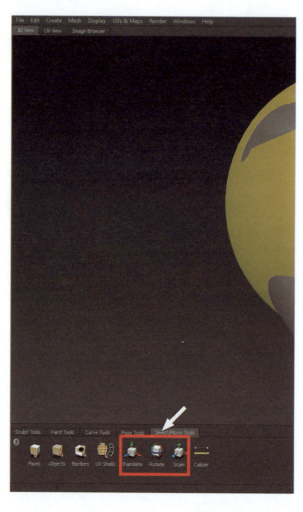

3.5.1.1 TRANSLATE

Permite mover itens arrastando a alça de transformação. Arraste qualquer seta que apareça no centro do objeto para se mover ao longo desse eixo. Arraste o punho central para mover-se livremente na Vista 3D.

3.5.1.2 ROTATE

Permite rotar itens arrastando o aperto de rotação. Arraste os anéis circulares na alça que aparece no centro do objeto para girar sobre os diferentes eixos.

3.5.1.3 SCALE

Permite dimensionar itens proporcionalmente ou não, arrastando a alça de escala. Arraste qualquer caixa de aderência que apareça no centro do objeto para dimensionar proporcionalmente ao longo desse eixo. Arraste a alça central para escalar uniformemente em todas as direções. Se preferir, utilize a tecla X mais os botões do mouse, como descrito a seguir.

- Tecla X + botão esquerdo do mouse para rotação;
- Tecla X + botão do meio do mouse para mover;
- Tecla X + botão direito do mouse para escala.

1. Ajuste o olho, conforme a imagem a seguir.

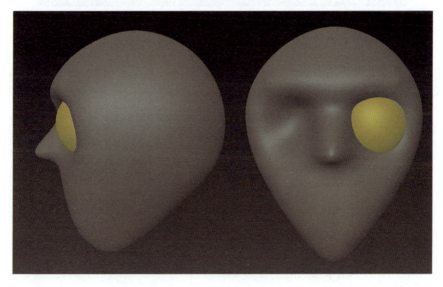

2. Para duplicar o olho, clique com o botão direito do mouse sobre olho e aponte para Duplicate Object.

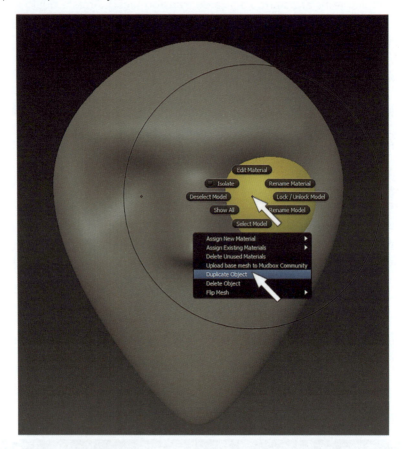

3. Ajuste o novo olho para o outro lado.
4. Renomeie para Olho_Dir.
5. Trave o acesso ao objeto, clicando no cadeado do Object List.

6. Se o rosto estiver amarelo, significa que está selecionado. Nesse caso, pressione Ctrl D para eliminar a seleção. Outro caminho é clicar em Edit → Deselect All.

7. Libere a geometria do rosto e faça o ajuste com a ferramenta de sua escolha. Para nortear o seu trabalho, na imagem abaixo foi utilizada a ferramenta Grab: Size 75, Stregth 100.

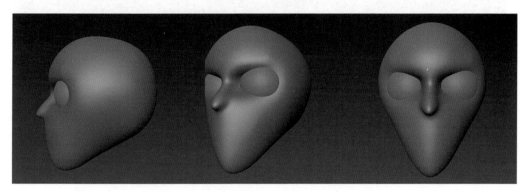

3.5.2 MODELAGEM DA ORELHA

Siga os passos indicados na sequência para efetuar a modelagem da orelha.

1. Ative a ferramenta Freeze e marque a região da orelha, de acordo com a imagem a seguir.
2. Certifique-se que a ferramenta está espelhada em X.

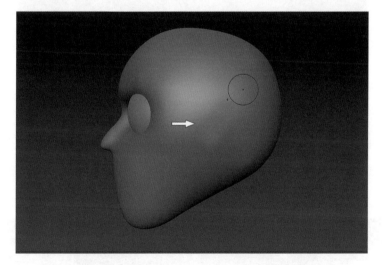

3. Inverta a seleção pressionando Shift I.
4. Ative a ferramenta Bulge (sugestão: Size 30, Strenght 100).
5. Modele a região de forma que surja uma bola no local da orelha.

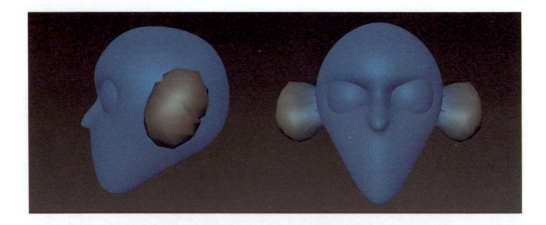

6. Pressione Ctrl para inverter a função da ferramenta e ajuste, conforme se vê na imagem a seguir.

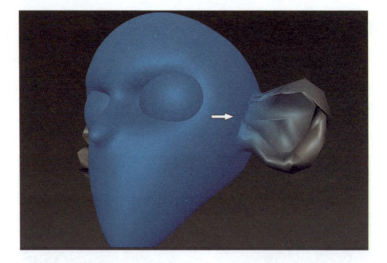

7. Limpe a área congelada, pressionando Shift U.
8. Aumente as subdivisões, pressionando Shift D.
9. Ajuste a modelagem, conforme a imagem a seguir.

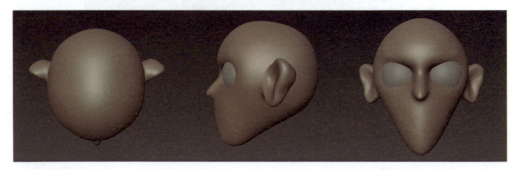

10. Utilize a ferramenta Pinch (sugestão: Size 14, Strenght 15) para melhorar o acabamento atrás da orelha.

11. Após utilizar essa ferramenta, suavize um pouco com Smooth para não ficar muito marcado, conforme ilustrado a seguir.

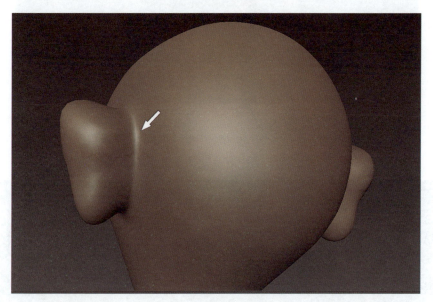

12. Ajuste a orelha, conforme sua preferência.

13. Salve sua cena.

3.5.3 MODELANDO A BOCA

Para modelar a boca, siga os passos indicados a seguir.

1. Ative a ferramenta Bulge (sugestão: Size 14, Strenght 50).

ATENÇÃO Toda modelagem com a mesa digitalizadora leva em consideração as configurações do pincel e da mesa e a pressão que cada pessoa faz no momento da modelagem.

2. Mais ou menos no meio, entre o nariz e a boca, faça uma modelagem negativa para marcar a boca. Utilize a tecla Ctrl para inverter a função da ferramenta Bulge, conforme a imagem a seguir.

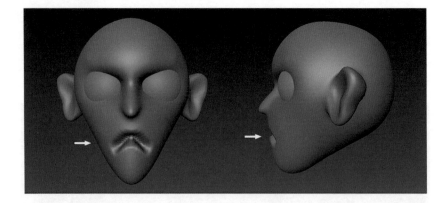

3. Ative a ferramenta Pinch (sugestão: Size 25, Strenght 15) e ajuste a modelagem, conforme a imagem reproduzida a seguir.

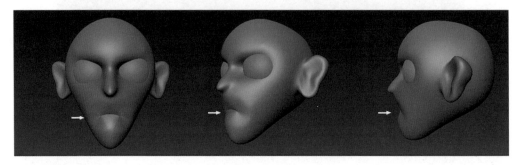

4. Pressione W para visualizar a malha.
5. Utilizando Relax e Smooth, suavize antes de criar os volumes.

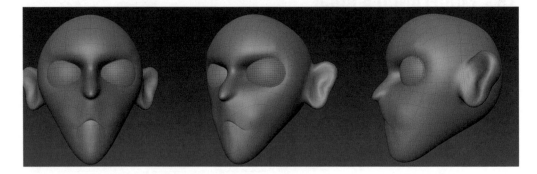

6. Empurre um pouco a topologia para regiões que necessitam de malha, como os cantos da boca. Utilize a ferramenta Smear, Pinch, Smooth, Relax (sugestão: Size 15, Strenght 15), que age com uma influência maior na topologia.
7. Aumente as subdivisões, pressionando Shift D.

8. Utilizando ferramentas como Grab e Foamy, ajuste a boca para gerar mais volume.

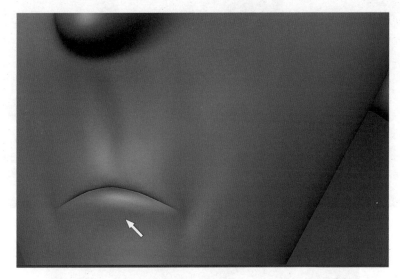

9. Ajuste o queixo do personagem. A partir deste passo, utilize as ferramentas de sua preferência. As imagens e as indicações reproduzidas na sequência têm como base as ferramentas utilizadas pelo autor (Flatten, Smooth).

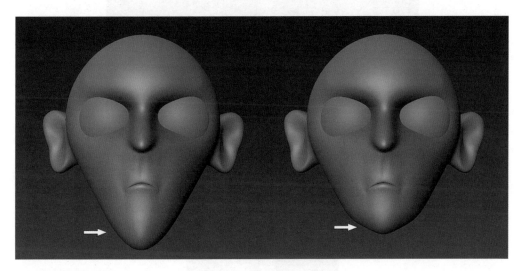

10. Salve sua cena.

3.5.4 REFINANDO O NARIZ

Para refinar o nariz, são indicadas as seguintes instruções:

1. Ajuste o nariz, conforme a imagem a seguir. Aqui foram utilizados Fill, Grab, Bulge, Foamy e Smooth.

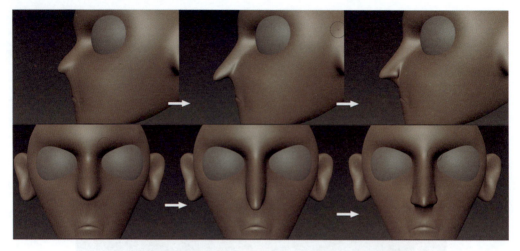

2. Se julgar necessário, congele a base do nariz para trabalhar com maior liberdade.

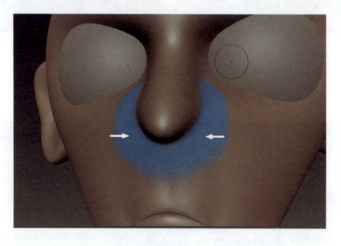

OBSERVAÇÃO   Lembre-se de alterar o tamanho do seu pincel, utilizar o smooth (Shift) sempre e alternar o comportamento da ferramenta Falloff.

Capítulo 3 – Modelagem 89

3. Se congelar a base do nariz, pressionando Shift U para apagar o congelamento;
4. Utilize Shift para suavizar a modelagem, conforme a imagem a seguir.

DICA Em vários momentos da modelagem, você poderá utilizar *layers* de modelagem. Assim, para desfazer ações, faça uso das ferramentas Mask ou Erase. Caso necessite, consulte Sculpt Layers, já abordado.

3.5.5 DETALHE DOS OLHOS

1. Ative o Sculpt e o Steady Stroke da própria ferramenta. Configure o Falloff para o modelo 2 e, pressionando Ctrl, faça a modelagem na parte inferior dos olhos, conforme mostrado na imagem a seguir. Utilizei Size 8, Strength 6.

2. Faça a segunda marcação.

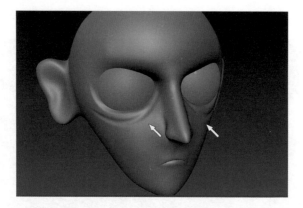

3. Suavize utilizando Smooth.

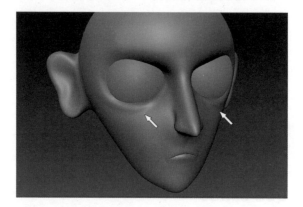

3.5.6 AJUSTANDO A PÁLPEBRA SUPERIOR

1. Com a mesma configuração utilizada anteriormente, faça um arço na pálpebra superior, conforme indicado na imagem a seguir (sugestão: Sculpt; Size 18; Strength 7; Falloff 2).

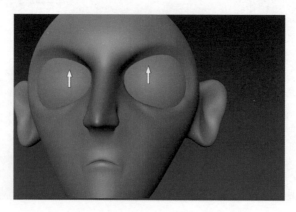

2. Faça os ajustes que julgar necessários para o seu personagem, lembrando que o objetivo dessa atividade não é ficar igual, e sim o mais próximo possível da proposta de um rosto em estilo *cartoon* para um personagem lutador de MMA.

3.5.7 INSERINDO PINTURA PARA OS OLHOS

Estes são os passos para inserir pintura nos olhos.

   1. Trave o rosto e destrave os olhos.
   2. Crie um novo material para os olhos, clicando com o botão direito do mouse sobre os olhos apontando para Assign New Material → Mudbox Material, conforme mostram as imagens a seguir.

3. Pressione o botão Done.

4. Na área Object List, clique, com o botão direito do mouse, sobre a palavra "Material" e aponte para Rename Material, alterando para Material Olho. Você também pode selecionar o material e clicar no nome "Material" no campo nome, abaixo da lista, conforme indicado a seguir.

5. Clique com o botão direito do mouse sobre o outro olho e aponte para Assingn Existing Materials → Material olho, conforme mostrado na imagem.

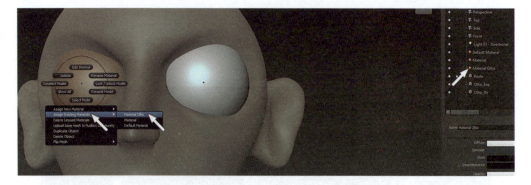

6. Agora que os olhos estão com seus materiais, pinte um círculo preto no olho do personagem e selecione Shelt Paint Tools → Paint Brush.

7. Configure Falloff 5, conforme indicado na imagem a seguir.

8. Ajuste o brush com Size 25.

9. Ajuste a cor do brush, clicando na cor do campo Color e alterando para preto.

10. Ao clicar no olho, aparecerá o Create New Paint Layer, ou seja, uma configuração de camada e pintura.

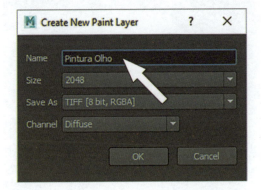

11. Altere o nome da camada para Pintura Olho.

12. Clique em OK.

13. Desligue a simetria da ferramenta, deixando Mirron em off.

14. Pinte um círculo na primeira esfera. A segunda esfera também receberá a pintura em razão do compartilhamento do mesmo material (utilizei Paint Brush; Size 25, Strength 100; Falloff 7).

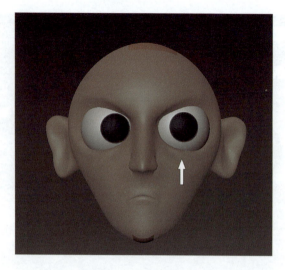

15. Ajuste a rotação dos olhos, utilizando a tecla X e o clique do mouse.

16. Trave os olhos do personagem e continue os ajustes que achar necessários. Lembre-se de utilizar camadas para auxiliar na modelagem.

17. Continue a modelagem, inserindo mais detalhes de sua preferência com base em conhecimento anatômico.

DICA   Utilize muitas referências para as modelagens. Desse modo, você poderá observar várias aplicações na anatomia dos personagens. Estude anatomia humana para melhorar sua percepção com relação ao desenvolvimento anatômico.

RESULTADO-BASE

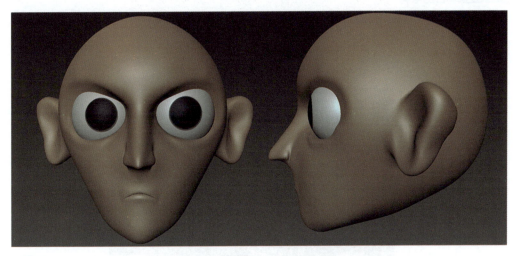

Figura 3.2 – Resultado da base modelada.

PESQUISA

Amplie sua pesquisa de referências para modelagem, acessando os *links* a seguir.

Ombros de gigantes – 10 referências de escultores para o estudo da figura humana

Disponível em:<http://brushworkatelier.com/blog/2015/9/20/10-referncias-de-escultores-para-o-estudo-da-figura-humana>.

3D.SK Human photo references for 3d artists and game developers

Disponível em:<https://www.3d.sk/>.

Anatomy References for Artists

Disponível em: <http://www.fineart.sk/photo-references>.

Acessos em: 16 nov. 2017.

CONCLUSÃO

Neste capítulo, mostramos como gerar a modelagem do rosto do personagem. Você conheceu as etapas de configuração de uma mesa digitalizadora, os procedimentos a seguir antes de esculpir e as ferramentas do Mudbox para escultura.

EXERCÍCIOS

1. Com a base criada, crie variações, conforme sua preferência, ou siga os exemplos de variações da mesma base.

   Variação 01

   Variação 02 – assimétrico (desligue a simetria e altere detalhes do lado esquerdo em relação ao direito).

   Variação 03

   Variação 04

   Variação 05

RETOPOLOGIA

CAPÍTULO 4

Objetivos

O objetivo deste capítulo é mostrar como proceder para reconstruir o rosto do personagem e combinar uma base de modelagem, que, no caso, é o corpo com o rosto modelado. Também se objetiva contribuir para o entendimento de uma topologia favorável para a futura animação do personagem e para a redução da quantidade de polígonos, transformando um modelo *high poly*, desfavorável para uma animação, em um modelo *low poly*. Dessa maneira, integra-se o fluxo de trabalho entre o Mudbox e o Autodesk Maya.

4.1 EDGE LOOP

O conceito de *edge loop* é muito utilizado na modelagem de um personagem para auxiliar na resolução dos problemas de distorção de malha gerada pelas animações. Uma modelagem sem a aplicação correta dos *edge loops* poderá acarretar uma distorção estranha em sua animação.

Para estátuas, não é necessário trabalhar os *edge loops*, pois elas não possuem distorções orgânicas.

Com a utilização apropriada dessa ferramenta, sua malha será tensionada corretamente, equilibrando a força gerada para um efeito mais orgânico e interessante.

Basicamente, o *edge loop* reproduz a tensão muscular para as distorções orgânicas de nosso corpo.

Figura 4.1 – Exemplo de *edge loop*.

Na modelagem orgânica, a organização da topologia correta pode ser determinante na hora de animar um personagem. A imagem a seguir demonstra o fluxo de tensão gerado por nossos músculos faciais.

Alguns *edge loops* são primordiais para a construção do personagem, como distorções para olhos e boca, criando uma distorção mais orgânica nas animações.

4.2 MODELING TOOLKIT – AUTODESK MAYA

Modeling Toolkit: painel exclusivo para modelagem, com novas ferramentas automatizadas, possibilitando um fluxo de trabalho mais rápido em uma única janela.

Figura 4.2 – Modeling Toolkit.

4.3 RETOPOLOGIA DO ROSTO

Retopologia é a reconstrução do modelo com uma topologia correta, com a reorganização da malha de maneira que fique mais orgânica e funcional e a possibilidade de aplicar animações ao personagem. Para essa exemplificação, será utilizado o modelo assimétrico da Variação 02 do rosto modelado anteriormente.

Capítulo 4 – Retopologia 99

1. Em Object list, selecione Rosto, Olho_Esq e Olho_Dir.
2. File → Send to Maya → Send Selected as New Scene.

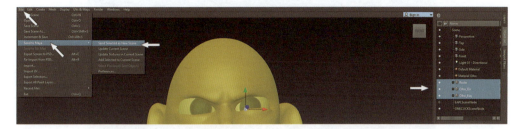

3. Clique em Send meshes at current level, para enviar o nível atual de malha para o Maya.

4. Aparecerá na tela uma configuração de texturas. Clique em OK.
5. Se o Maya já estiver aberto, o software retornará uma janela para salvar. Verifique se irá salvar ou não o arquivo ativo.

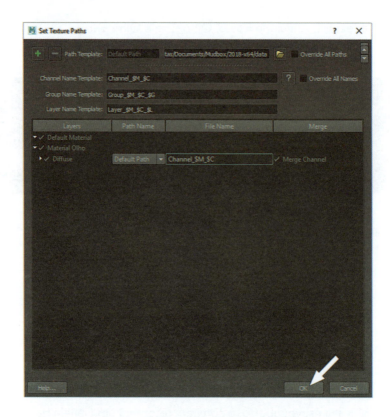

6. No Maya, pressione a tecla F para visualizar toda a composição.

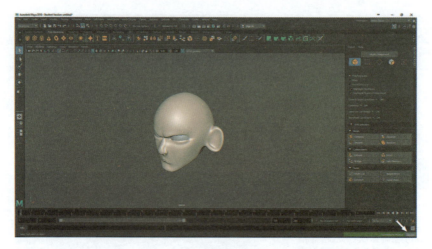

7. Pronto! Dessa maneira, o arquivo já está conectado no Maya. Se estiver tudo OK, vá para o passo 18.

8. Mas, se por algum motivo, a conexão não for possível, o outro caminho é via exportação.

9. No Mudbox, clique em File → Export Selection.

10. Escolha o formato do arquivo. Pode ser FBX® ou OBJ (extensão universal). Para este exemplo, utilizei OBJ.

11. Digite o nome de sua preferência e clique em Salvar.

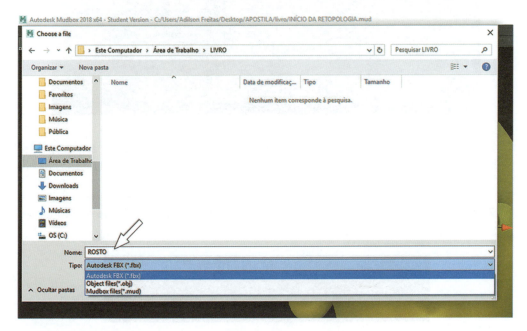

12. Salve seu arquivo.

13. Se o Maya não estiver aberto, abra-o.
14. No Maya, clique em File → Import.
15. Selecione o arquivo recentemente exportado.
16. Clique em Import.
17. Pressione a tecla F para ajustar a visualização na *viewport*.
18. Configure o projeto do Maya, clicando em File → Project Window.
19. Em Current Project, digite o nome MARRENTIM.
20. Em Location, busque o endereço de destino do projeto.
21. Clique em Accept.

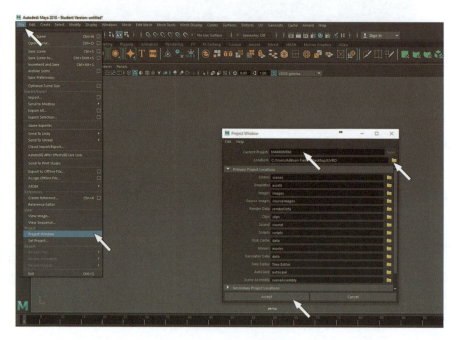

22. O projeto possui o nome MARRENTIM, agora você irá salvar o arquivo, pressione Ctrl S e seu arquivo será salvo dentro da pasta \scenes. Utilize o nome marrentim.mb.
23. O Maya retornará a mensagem para software de estudante. Clique em Continue.

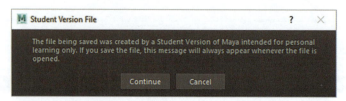

Capítulo 4 – Retopologia 103

24. O próximo passo é configurar o Maya para uma pasta de trabalho, clicando em File → Project Window.

25. Clique no botão New.

26. Digite o nome do projeto. Neste livro, foi usado o nome Marrentim.

27. Em Location, busque um local para armazenar essa pasta de trabalho. Para este livro, está configurado na pasta Desktop.

28. Clique em Accept.

Você acabou de configurar o projeto para uma pasta. Assim, toda a atenção de recursos do Maya, descarregará nessa pasta. Se você não fizer isso, ele sempre descarregará na pasta \Documents\maya\projects\default

29. Salve, clicando em File → Save scene.

30. Digite o nome e clique no botão Save as. Em seguida, continue o seu trabalho.

31. Pressione a tecla Q para acessar a ferramenta Select.

32. Selecione a cabeça do personagem.

33. Clique com o botão direito do mouse sobre o personagem e aponte para Make Live. Também é possível clicar no botão Object Live, com a cabeça selecionada.

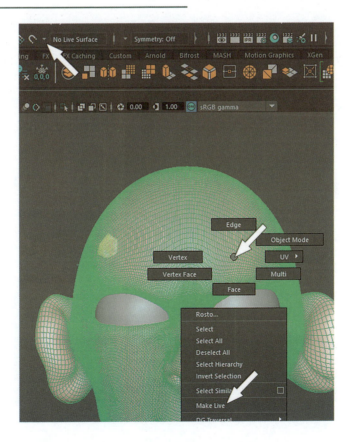

34. Dessa maneira, a cabeça do personagem será uma mira para você reconstruí-lo. Altere a Workspace, clicando em Windows → Modeling Standard.

35. Pressione as teclas Ctrl Shift Q para ativar o Quad Draw ou ative a ferramenta clicando no botão do Modeling Toolkit.

Capítulo 4 – Retopologia 105

36. Clique em Quad Draw para gerar os pontos, conforme se vê na imagem a seguir.

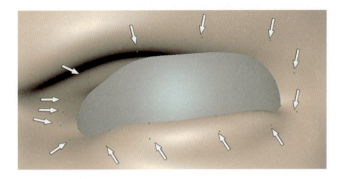

OBSERVAÇÃO   Pressione o número 6 para visualizar a textura do olho. Se precisar apagar algum ponto, utilize Ctrl Shift e clique.

37. Pressione a tecla Shift e clique entre quatro pontos para que o Maya gere uma face, como na imagem a seguir.

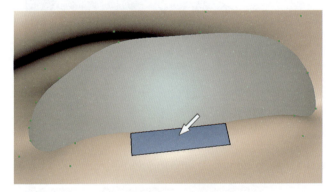

38. Inicie a volta completa, mas, se o movimento apresentar outra combinação, exclua com Ctrl Shift e clique sobre a face a ser deletada.

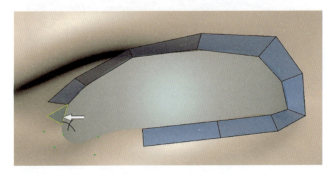

39. Continue a volta completa, utilizando a mesma técnica.

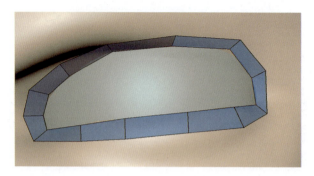

40. Ajuste os vértices, segurando e arrastando sobre os pontos. Uma alternativa é pressionar a tecla Shift e arrastar sobre a face, a fim de gerar um relaxamento da malha.

41. Se perceber um polígono muito grande em relação a outros, pressione a tecla Ctrl e clique, para cortar.

42. Continue criando faces, conforme mostrado na imagem a seguir.

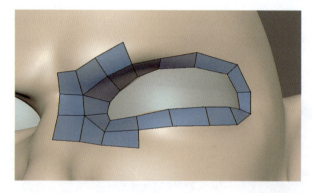

43. Continue sua criação, dentro de uma topologia orgânica. Crie o *edge loop* da boca.

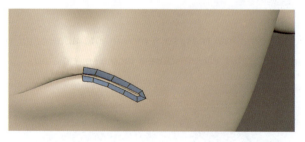

DICA Deslize as edges de maneira que fiquem distantes umas das outras. Utilize a tecla Ctrl e clique para dividir as faces, como no exemplo a seguir.

Capítulo 4 – Retopologia 107

44. Ajuste e continue sua criação, de acordo com o que se mostra na imagem a seguir.

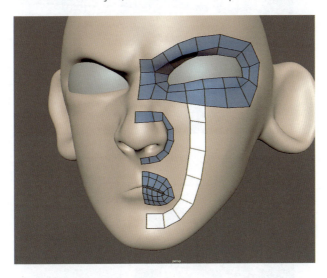

45. Continue criando, conforme a sequência de imagens.

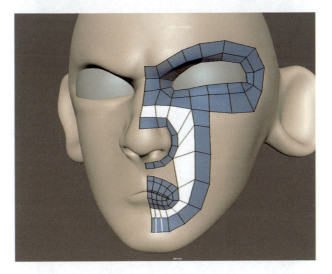

DICA Se você arrastar um vértice sobre outro, eles efetuarão o *merge*. Assim você terá um único vértice.

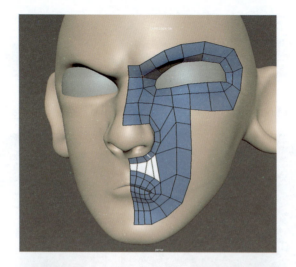
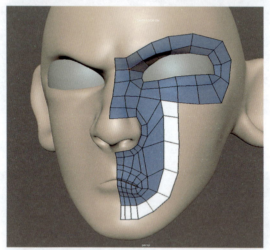
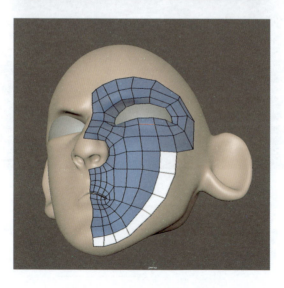

Capítulo 4 – Retopologia

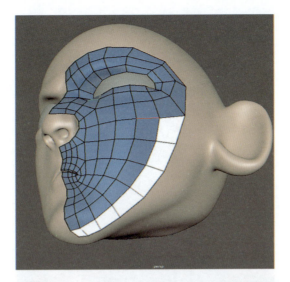

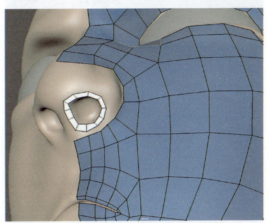

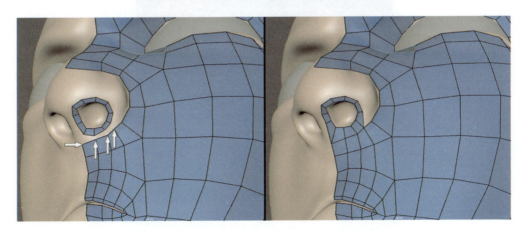

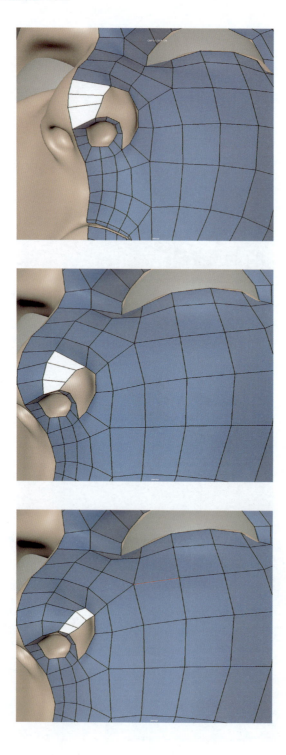

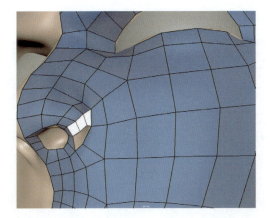

46. O resultado da topologia ficará próximo ao que se vê na imagem a seguir. Observe que as cores são ilustrações dos edge loops, sua malha não ficará colorida como nesse exemplo.

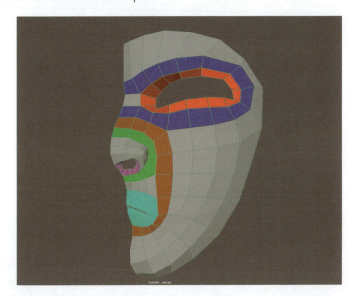

47. Suavize a topologia, utilizando a tecla Shift ao clicar sobre as faces, conforme mostra a imagem a seguir.

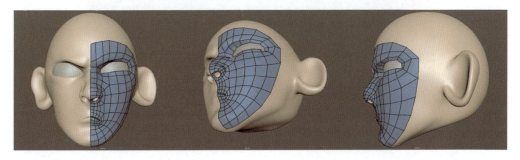

48. Continue trabalhando na retopologia do personagem.

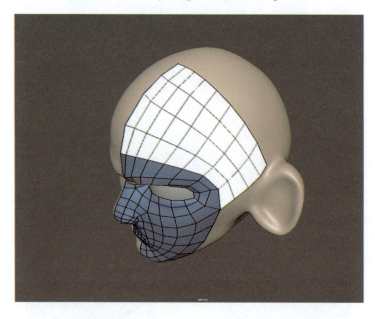

4.3.1 REDUÇÃO DA MALHA

Em alguns momentos, será necessário reduzir a malha do personagem. Dê preferência para uma área que não será tão visível e não sofra deformação de animação. Essa tarefa reduzirá duas *edges*.

1. Junte as duas *edges*, clicando, segurando e arrastando.

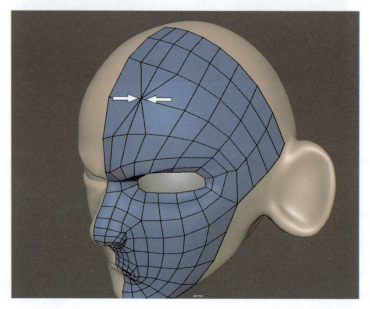

2. Pressione Ctrl Shift e clique para apagar duas *edges* triangulares.

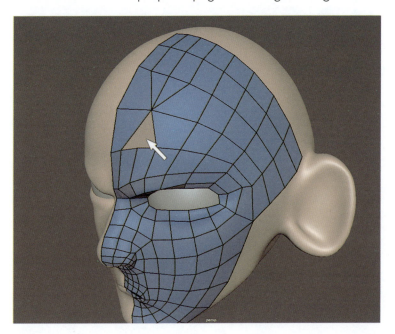

3. Pressione Shift e faça uma nova face.

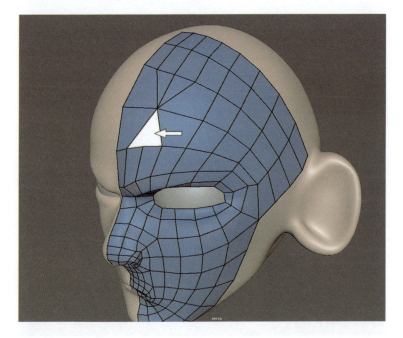

4. Apague as duas *edges* posteriores, utilizando as teclas Ctrl Shift e clique no mouse.

5. Pressione Shift e suavize.

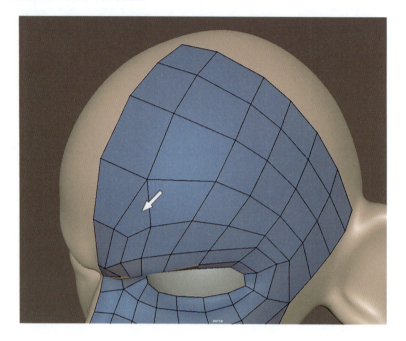

6. Continue a redução de malha e a retopologia, conforme indicado na imagem a seguir.

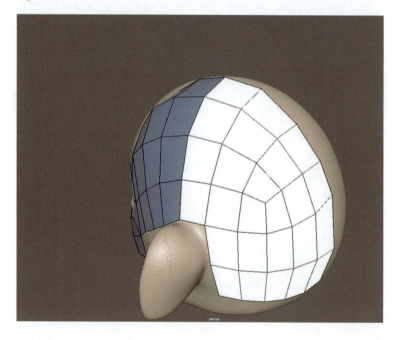

7. Continue criando, como na imagem a seguir.

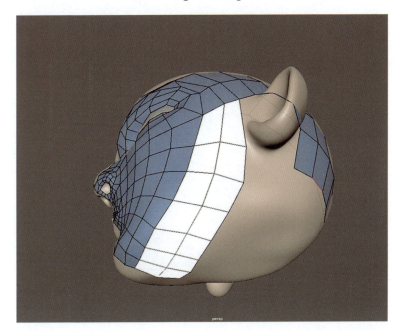

8. Imagine que, ainda trabalhando na retopologia, surgiu o seguinte problema: você tem quatro faces a serem ligadas em duas. Nesse caso, divida as faces. De duas, faça quatro e gere a retopologia.

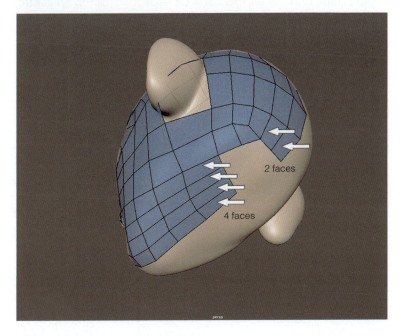

9. O resultado deverá ficar próximo ao que se exibe aqui.

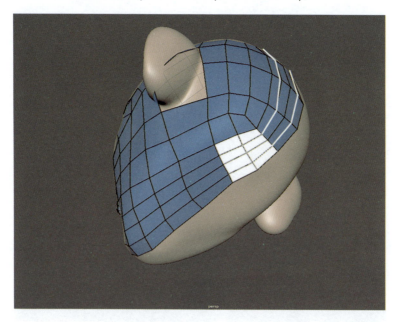

10. Suavize sua topologia com o Shift pressionado e clique sobras as faces.

11. Sempre que ajustar a borda central, visualize a topologia de frente. Assim, você poderá ajustar todos os vértices ao centro do personagem. Para isso, altere para vista *front*, pressionando a barra de espaço, clicando no centro da palavra Maya, no *hot menu*, e apontando para Front View.

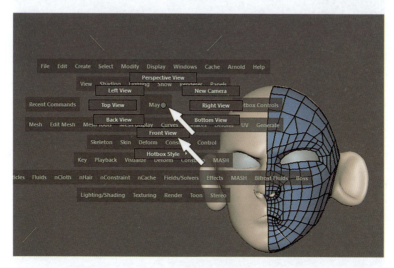

12. Para um fluxo de trabalho mais tranquilo, ajuste os vértices centrais, deixando o rosto dividido em duas partes exatas. Assim ficará fácil para duplicar futuramente. Uma maneira bem produtiva para ajustar os vértices é:

- Na vista Front, pressione a tecla Q para ativar a ferramenta Select.
- Pressione a tecla de função F8.
- Clique no botão Isolate da *view port front*.

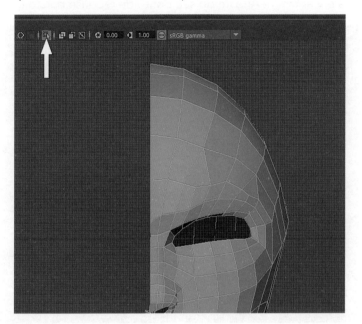

- Pressione a tecla de função F9.
- Pressione a tecla 4 para ativar o *wireframe*.
- Selecione todos os vértices das bordas, utilizando Shift para adicionar seleção e Ctrl para tirar a seleção.

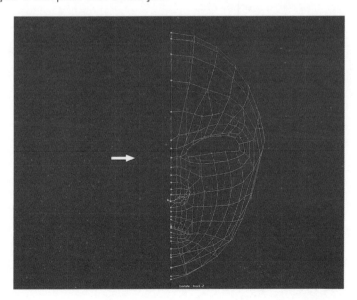

- Pressione R para ativar a ferramenta de escala.
- Clique, segure e arraste pelo eixo x (cor vermelha). Se você não vir o eixo de cor vermelha, possivelmente é porque já está com ele selecionado e o eixo está em amarelo. Arraste do seu ponto de repouso para o centro do pivô.

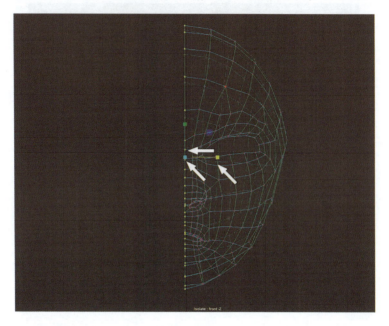

OBSERVAÇÃO Lembre-se de que o eixo visto de frente respeita o plano cartesiano.

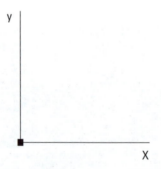

Figura 4.3 – Eixos x e y do plano cartesiano.

13. Aproxime-se bem do centro.
14. Pressione a tecla W para ativar a ferramenta Move.

15. Com a tecla X pressionada, arraste os vértices para o centro, que está marcado com uma linha mais escura. O X pressionado faz você trabalhar no *grid* do Maya.

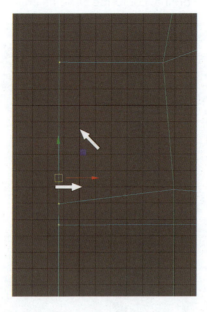

16. Depois do ajuste, volte para a edição. Pressione a tecla de função F8 para a topologia ficar verde, demonstrando desse modo que o objeto está com a topologia fechada.

17. Pressione o número 5 para ativar o *shader*.

18. Pressione a tecla F para ajustar a visualização.

19. Desligue o Isolate, clicando novamente no mesmo botão para ativar.

20. Pressione novamente as teclas Ctrl Shift Q para ativar o Quad Draw.21. Clique no botão de perspectiva.

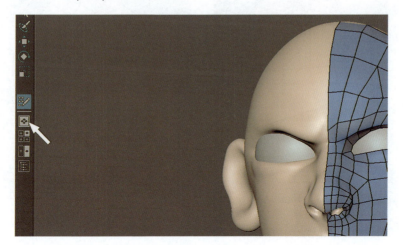

4.3.2 EFETUANDO A RETOPOLOGIA NA ORELHA

1. Crie as faces para a orelha, conforme se vê na imagem a seguir.

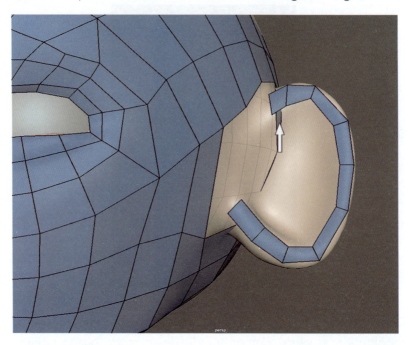

2. Continue criando, como na imagem a seguir.

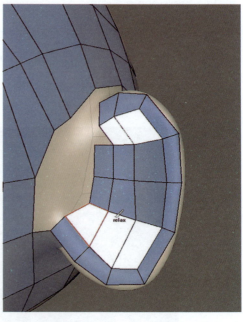

Capítulo 4 – Retopologia 121

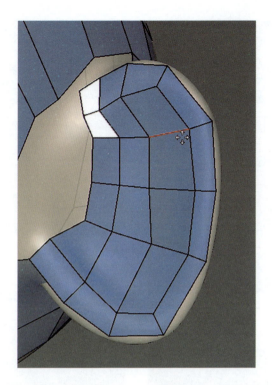

3. Ajuste os vértices para gerar o *edge loop* da orelha, como na imagem a seguir.

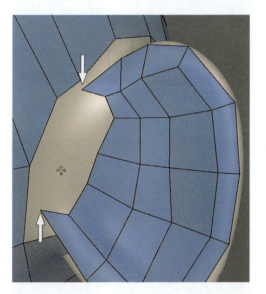
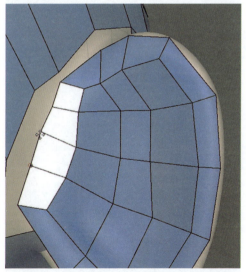

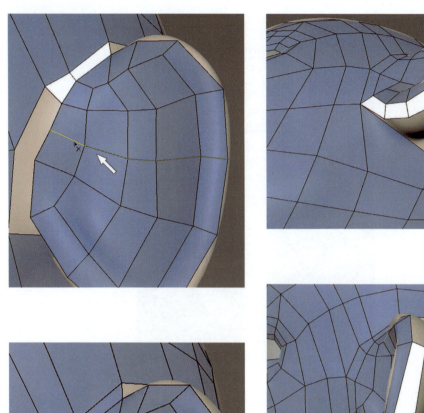
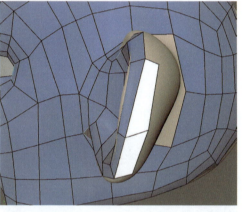

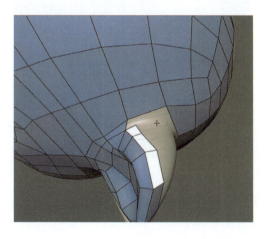

Capítulo 4 – Retopologia 123

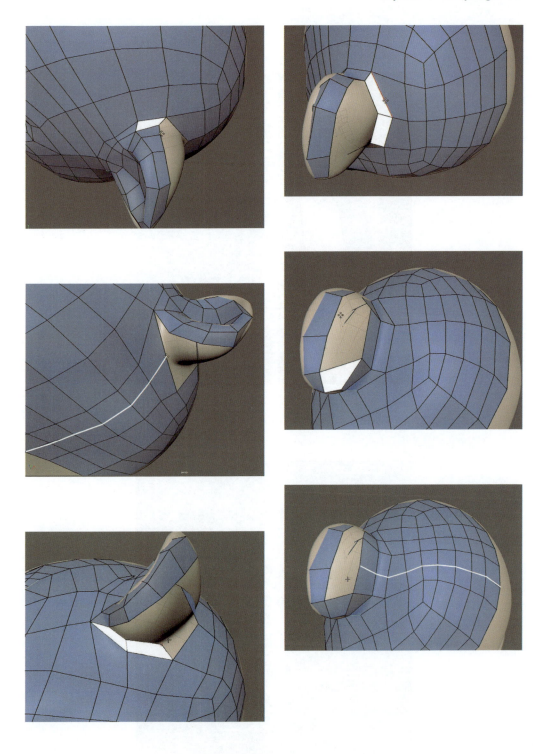

4. Continue criando, como na imagem a seguir, e relaxe a malha, utilizando o Shift.

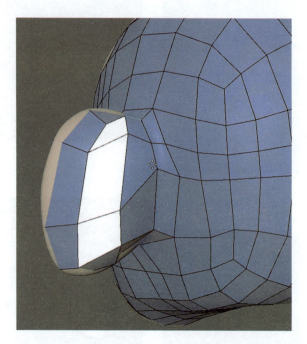

5. Crie mais dois *edge loops*, pressionando a tecla Ctrl e clicando, como na imagem a seguir.

Capítulo 4 – Retopologia

6. Reduza o excesso de malha, como exibido na imagem a seguir.

7. Relaxe a malha, segundo sua preferência.
8. Pressione a tecla Q para ativar a ferramenta Select.
9. Pressione a tecla de função F8 para sair do modo de edição da anatomia do polígono.
10. Clique no botão Isolate para visualizar apenas a malha do rosto.
11. Pressione a tecla 3 para entrar em modo Smooth.
12. Sua topologia deverá ficar próximo à exibida na imagem a seguir.

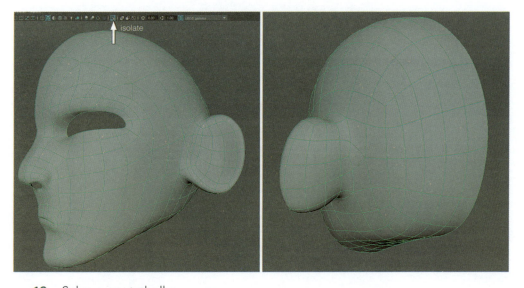

13. Salve o seu trabalho.

4.3.3 DUPLICANDO ROSTO

1. Desligue o Isolate para visualizar todos os elementos.
2. Para exercitar alterações de *layout*, altere o *layout* do Maya, clicando em Windows → Workspaces → Maya Classic. A presença de um asterisco depois do nome indica que esse *layout* foi alterado. Clique em Reset, conforme se vê na imagem a seguir.

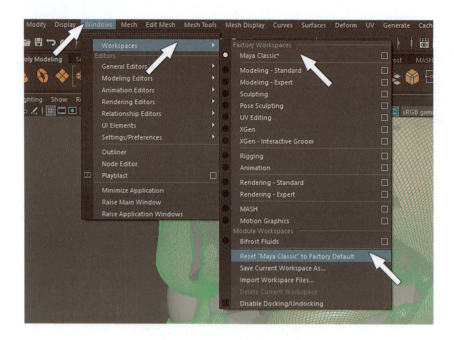

3. No Maya, você vai trabalhar com *layer* dos elementos. Certifique-se de que o Object live está desligado. Deverá aparecer "No Live Surface". Se estiver ligado, clique no botão Object live para desligar, como mostrado na imagem a seguir.

4. Selecione o rosto que veio do Mudbox e clique no botão Create e New layer and assing selected objects. Dessa maneira, você criará uma nova camada com o objeto selecionado.

5. Clique duas vezes sobre a camada para alterar o nome da *layer*. Digite o nome Rosto_Base e clique em Save.

6. Para alternar entre os tipos de display, basta clicar no local, como mostrado a seguir.

- **Normal:** VAZIO – você tem acesso pela *viewport*, visualiza o objeto e renderiza normalmente.

- **Template:** T – você não tem acesso ao objeto pela *viewport*, porém visualiza o *wireframe*, mas não renderiza o objeto.

- **Reference:** R – você não tem acesso ao objeto pela *viewport*, porém visualiza o *shader* e renderiza o objeto.

OBSERVAÇÃO Você pode colocar mais de um elemento na *layer*. Basta selecionar vários objetos ao criar uma nova *layer*, ou adicionar os objetos selecionados, clicando com o botão direito do mouse e, em seguida, em Add Selected Objects.

4.3.4 AJUSTANDO A GEOMETRIA DA ORELHA

1. Deixe a camada Rosto_Base em T para ajustar a geometria da orelha.
2. Selecione o rosto que foi criado com a retopologia. Clique com o botão direito do mouse e selecione Face.

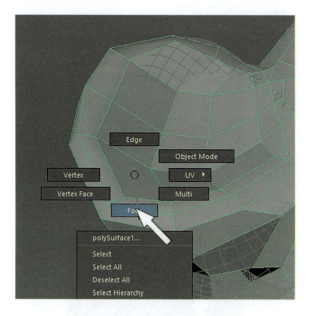

3. Selecione a face inferior da orelha e pressione a tecla B para ativar o Soft Selection, ou o ative por interface, clicando duas vezes em qualquer ferramenta, como Select Tool, Move Tool, Rotate Tool e Scale Tool, entre outras. Dessa maneira, você poderá visualizar Tool Settings da ferramenta selecionada, dentro da qual há o comando Soft Selection.

4.3.4.1 SOFT SELECTION

Esse recurso influencia várias faces, segundo a força configurada. Pressionando e segurando a tecla B, ao clicar, segure e desloque para a direita; assim, você aumenta a influência, ao passo que, para a esquerda, diminui a influência. Se utilizar o botão do meio do mouse, clicando, segurando e arrastando, ele sempre começará uma influência no mínimo. A cor amarela constitui a maior influência, passando pelo vermelho até chegar à menor influência ou nula, no preto. Para desligar o Soft selection, pressione a tecla B novamente.

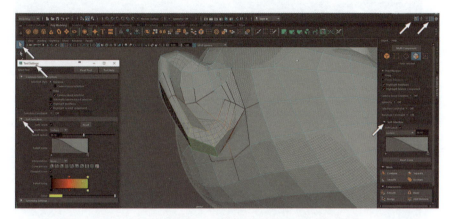

1. Ajuste as faces da orelha trabalhando com a ferramenta Move tool (tecla de atalho W), conforme a referência em template.

2. Quando finalizar os ajustes, feche o modo de edição, clicando com o botão direito do mouse, e aponte para Object Mode, ou pressione a tecla de função F8.

3. Clique sobre o V da *layer* do rosto para desligar a visualização do elemento da camada.

4. Para duplicar o rosto, é necessário, alinhar os vértices e posicionar o pivô junto ao centro do rosto. Siga os passos do item 12 até o item 18 do Capítulo 4 (item 4.3.1), para realizar o alinhamento dos vértices.

5. Para ajustar o pivô, pressione simultaneamente as teclas D e V e clique em cima do vértice que você quer com o botão do meio do mouse, como na imagem a seguir.

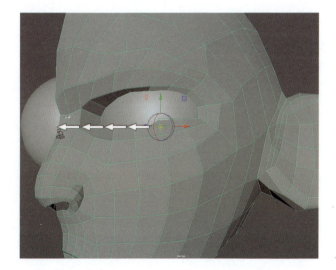

6. Duplique, clicando em Mesh → Mirror → Box Options do Mirror.

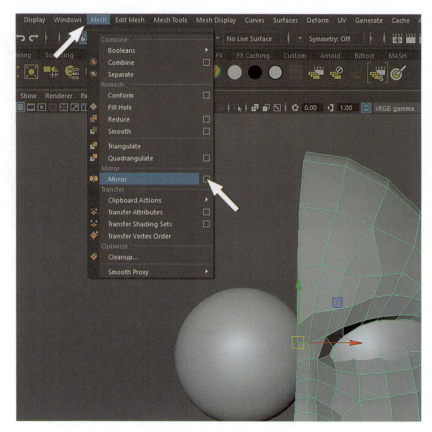

7. Observando os eixos, você deve duplicar no eixo x, negativo.

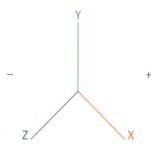

Figura 4.4 – Pivot do universo Autodesk Maya.

8. Em Mirror Axis, deixe em X. Em Mirror Direction, deixe em – (negativo) e, em Mirror Axis Position, deixe em Object e clique em Mirror.

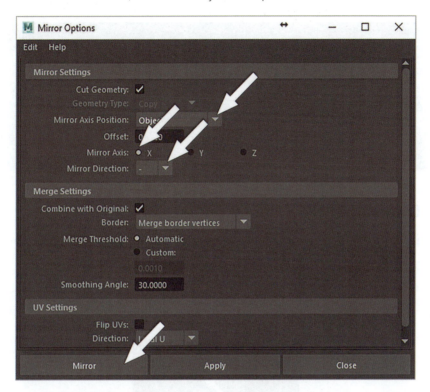

9. Em Merge Threshold, deixe em 1.

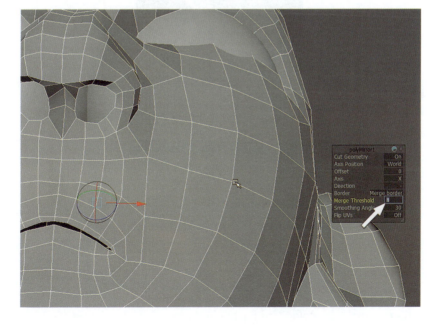

10. Depois de duplicadas e ajustadas algumas *edges*, o seu personagem deverá ficar próximo ao exibido na imagem a seguir.

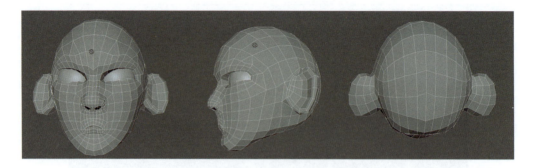

4.3.5 CRIANDO BOLSAS NARIZ, BOCA E OLHOS

Neste momento, você vai criar bolsas internas para o nariz e a boca do personagem.

1. Isole a visualização para o rosto recém-criado pela retopologia.

2. Selecione o modo de edição para *edge*, clicando com o botão direito do mouse sobre o rosto. Aponte para *edge* ou clique em *edge* no Modeling Toolkit.

3. Selecione as *edges* dos olhos, clicando duas vezes em uma *edge*. Se o seu *edge loop* estiver correto, ele selecionará todas as *edges*, como na imagem a seguir.

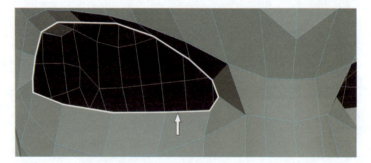

4. Pressione Shift e repita o procedimento na *edge* do outro olho.

5. Utilize a tecla de atalho Ctrl E para extrudar.

6. Desloque um pouco para o fundo e informe algumas divisões. No exemplo a seguir foi utilizado 4.

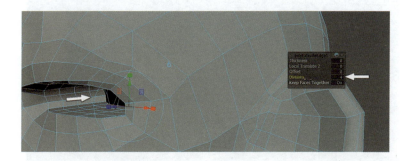

7. Repita o procedimento para as narinas.

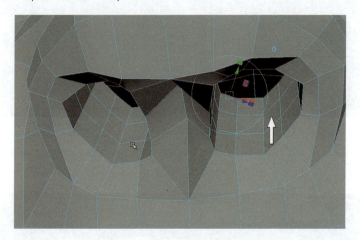

8. Repita o procedimento para a boca, mas sem subdivisões, pois você vai fechar essa bolsa interna.

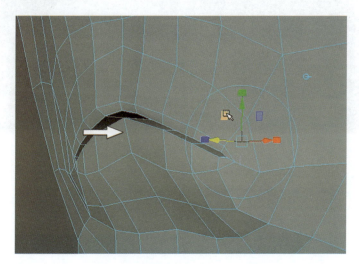

9. Utilize os comandos de navegação da *viewport* e visualize dentro da cabeça.

10. Ajuste a geometria para que as *edges* fiquem um pouco afastadas, como mostrado na imagem a seguir.

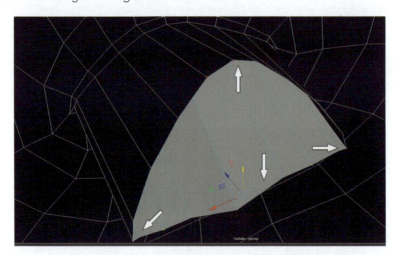

Capítulo 4 – Retopologia 135

11. Clique com o botão direito do mouse e aponte para Multi-cut.

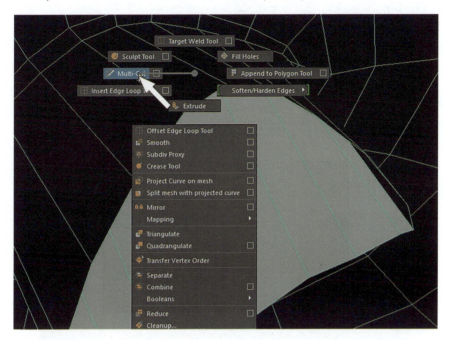

12. Faça três cortes, apenas clicando em cada *edge* para que a ferramenta realize um corte perpendicular em *looping*.

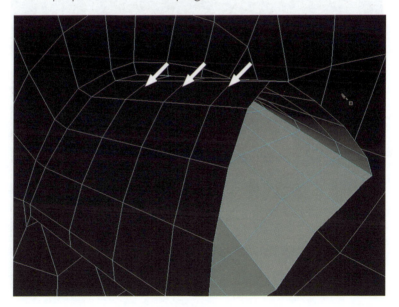

13. Ative a ferramenta Append to Polygon para criar novas faces, clicando em Mesh Tools → Append to Polygon.

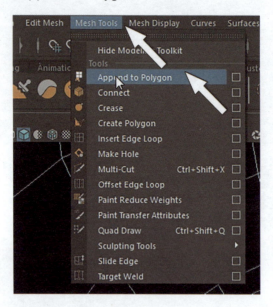

14. Clique na *edge* superior. Todas as *edges* possíveis de ligação ficarão cor-de-rosa. Clique na *edge* inferior e pressione Enter para finalizar.

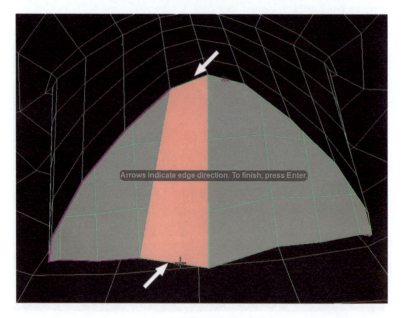

15. Faça outra *edges* para finalizar a bolsa, como mostrado na imagem a seguir.

Capítulo 4 – Retopologia 137

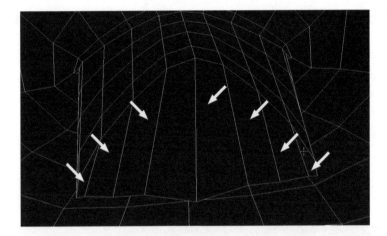

16. Ajuste a malha de maneira que os polígonos fiquem mais distribuídos.

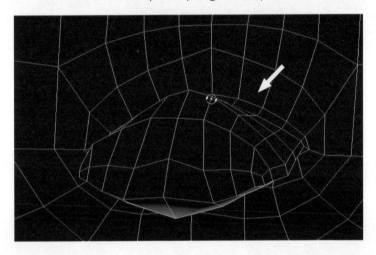

17. Sua modelagem deverá ficar próximo à da imagem exibida a seguir. Lembre-se de que essa modelagem ganhará detalhes novamente com outros procedimentos.

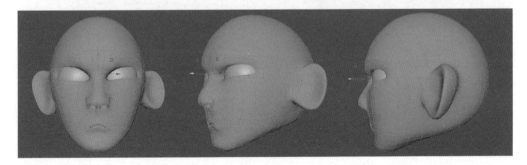

18. Salve sua cena para utilizar na próxima atividade. Para essa atividade, o nome do arquivo ficou CAB_RETOPOLOGIA.mb.

4.4 MODELANDO O CORPO E A ROUPA DO PERSONAGEM

Você poderá trabalhar de várias maneiras para gerar o corpo. As ferramentas necessárias para cumprir essa tarefa já foram abordadas e, em conjunto, Maya e Mudbox podem gerar qualquer geometria orgânica. Lembre-se sempre de consultar as topologias empregadas pelos modeladores de quadrúpedes, bípedes, entre muitas outras possibilidades. Para essa atividade, você vai fazer uso de elementos existentes, como a geometria que acabou de gerar e a modelagem, uma *base mesh* do Maya Monster-Cyclops.ma. Dessa maneira, conseguirá explorar novos recursos como *imagem plane*, importação, *contente Browser*, *base mesh*, *Separate*, *Combine* e *Target Weld*.

Figura 4.5 – Silhueta do personagem.

1. Crie uma nova cena, clicando em File – New Scene.
2. Em Panel Layout, clique no segundo botão para as quatro vistas.
3. Clique também no botão Outliner para visualizar todos os elementos da cena, como mostrado na imagem a seguir.

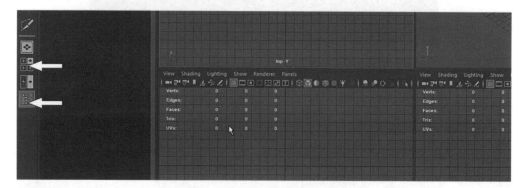

4.4.1 IMAGE PLANE

Com o Image Plane, insira uma imagem de referência para auxiliar nas proporções da modelagem. Geralmente, esse é um dos primeiros passos para a modelagem, porém para conferir maior liberdade à aprendizagem, ele foi inserido neste momento.

O Image Plane busca informação na pasta Sourceimages do projeto "\MARRENTIM\sourceimages". Copie o arquivo REFERÊNCIA DE CORPO.jpg da pasta de arquivos de trabalho deste livro e cole na pasta Sourceimages do seu projeto. Depois, siga os passos indicados.

1. Coloque a seta do mouse sobre a *viewport* Front, então pressione e solte a barra de espaço para maximizá-la.

2. Em cada *viewport* você pode configurar um Image Plane. Para essa atividade, configure um na *viewport* Front e sSde, clicando em View® Image Plane® Import Image.

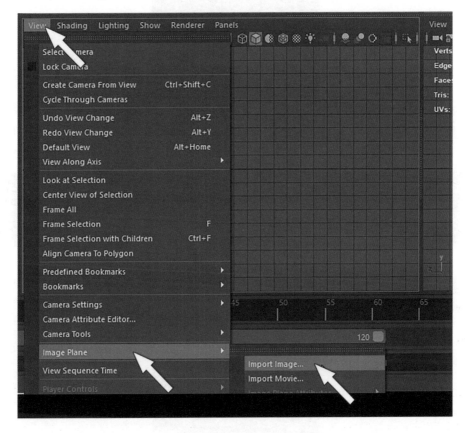

3. O primeiro lugar em que o Image Plane busca informação é na pasta Sourceimages do projeto "\MARRENTIM\sourceimages". Localize o arquivo REFERÊNCIA DE CORPO.jpg e clique no botão Open.

4. Altere o Alpha Gain para 0.2 para deixar a referência com transparência de 20%, lembrando que o Maya utiliza ponto no lugar de vírgula.

5. No Outliner, selecione ImagePlane1 e, no *atributte* Editor (tecla de atalho Ctrl A), na aba ImagePlane1, altere o valor de x e y para 235, como mostrado a seguir.

6. Pressione a tecla W para acionar a ferramenta Move e mova o Image Plane de maneira que a referência do personagem de frente fique no centro e a base do personagem fique alinhada com a base da *viewport* Front, como mostrado na imagem a seguir.

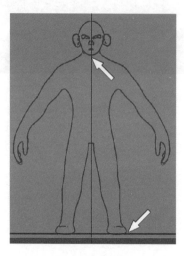

7. Importe a cabeça modelada, clicando em File → Import.

8. Procure o arquivo da cabeça. Para essa atividade, foi utilizado o nome CAB_RETOPOLOGIA.mb. Clique no botão Import.

OBSERVAÇÃO Os arquivos, por padrão do Maya, são armazenados na pasta Scene.

9. Com a ferramenta Move, selecione a geometria da cabeça e dos olhos e a mova para seu local correspondente no Image Plane.

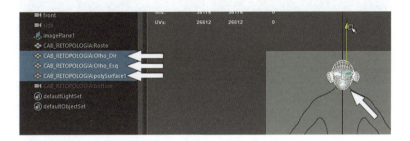

4.4.2 CONTENT BROWSER

O Content Browser é uma janela única para encontrar exemplos, cenas e outros conteúdos usados para construir cenas. Você pode navegar por arquivos em seu projeto, diretórios locais e de rede, ou em pastas de exemplos. Seu nome nas versões anteriores era visor.

1. Acesse o Content Browser, clicando em Windows → General Editors → Content Browser.

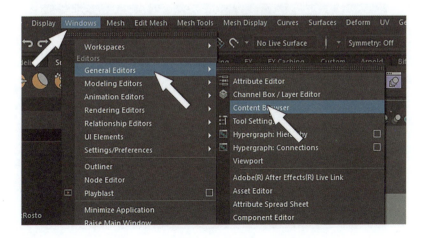

2. Acesse Modeling → Sculpting Base Meshes → Bipeds. Clique em MonsterCyclops.ma com o botão direito do mouse e aponte para Import.

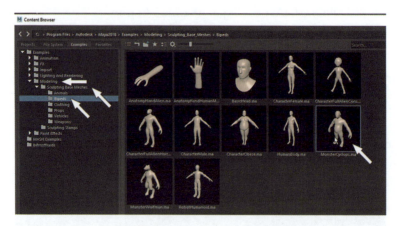

3. Feche a janela Content Browser.
4. Pressione a tecla R para acionar Scale Tool.
5. Altere o tamanho do personagem de acordo com a referência. Lembre-se de que você deverá aumentar proporcionalmente em todos os eixos, clicando, segurando e arrastando do centro da ferramenta para direita.

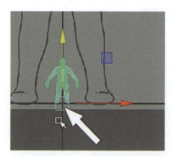

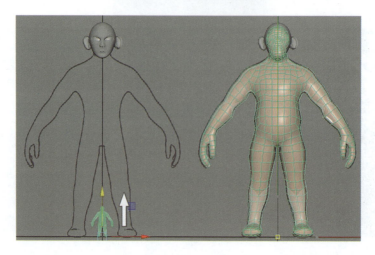

Capítulo 4 – Retopologia 143

6. Pressione a barra de espaço para visualizar todas as *viewports*.

7. Pressione a tecla Q para acionar a ferramenta Select.

8. Selecione o Image Plane na *viewport* Persp.

9. Pressione a tecla W e afaste o Image Plane da geometria, como mostrado a seguir.

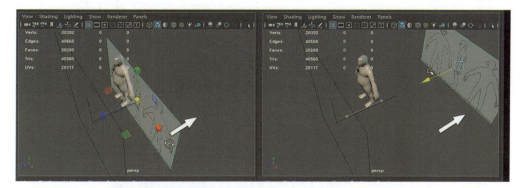

10. Clique no botão Looking through camera para visualizar apenas na *viewport* nativa, como mostrado a seguir.

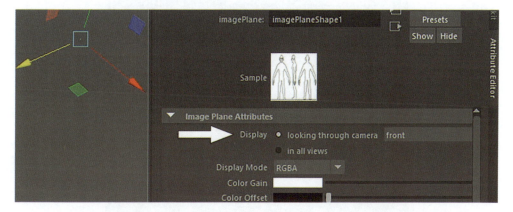

11. Você pode ocultar elementos da cena. Por exemplo, a câmera Front está visível na *viewport*, então selecione a câmera e utilize a tecla de atalho Ctrl H, como mostrado a seguir.

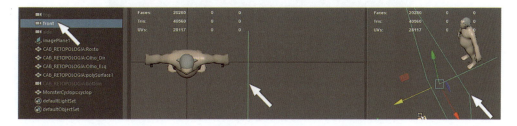

OBSERVAÇÃO   Para reverter, selecione os elementos no *outliner* e pressione Shift H. Se preferir, existe a possibilidade de exibir todos os elementos ocultos clicando em Display® Show® All.

12. Repita o procedimento do item 02 até o item 06 do Capítulo 4 (4.4.1), para a *viewport* Side.

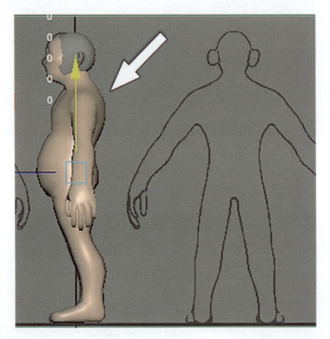

13. Na vista *side*, ajuste a cabeça com os olhos na posição informada pelo Image Plane.

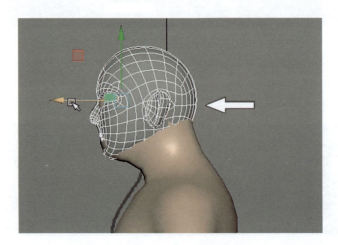

14. Na *viewport* Persp, isole o corpo e mude para o modo Face.

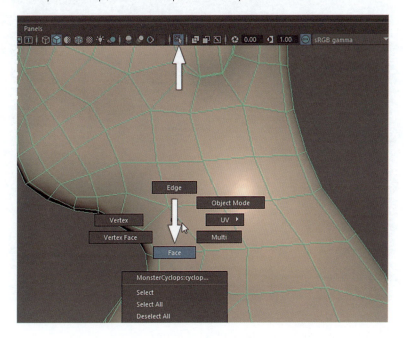

15. Selecione um conjunto de faces. Para isso, clique na primeira, segure o Shift e selecione a face vizinha com um clique duplo.

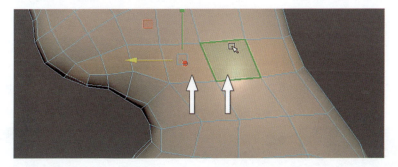

16. Pressione Delete.

OBSERVAÇÃO Quando deletar várias *edges*, sempre utilize Ctrl Delete para apagar os vértices também.

17. Como não possui nenhuma face ligando a cabeça ao corpo, faça a separação com o comando Mesh → Separate.

146 Autodesk Maya e Mudbox 2018

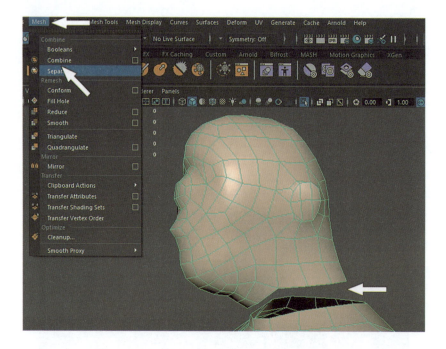

18. Clique na cabeça e pressione a tecla Delete.

19. Libere a geometria do isolamento, clicando novamente no botão Isolate.

20. Isole a visualização somente para a cabeça, selecionando a cabeça e clicando no botão Isolate.

21. Altere para a edição de faces, clicando com o botão direito do mouse sobre a cabeça e apontando para face.

22. Selecione uma face e pressione a tecla Shift para escolher a face vizinha, como mostrado a seguir.

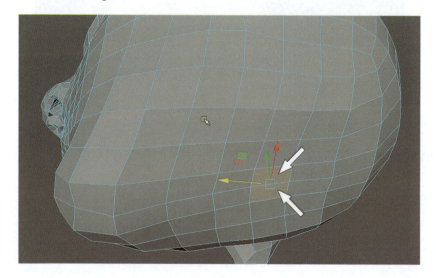

OBSERVAÇÃO Pressione e segure a tecla Shift e pressione e solte duas vezes a tecla. (ponto). Com o Shift pressionado na seleção e pressionando e soltando o. (ponto), você aumenta a área de seleção, escolhendo os vizinhos da face. Já com Shift mais a tecla, (vírgula) se realiza o processo inverso.

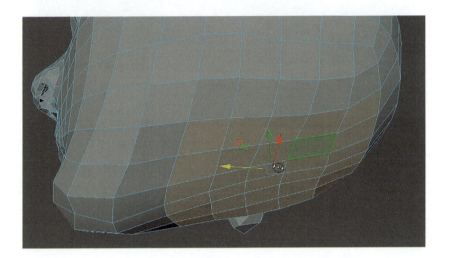

23. Desligue o isolamento para verificar o limite que poderá extrudar a face.
24. Extrude a face, pressionando a tecla de atalho Ctrl E.
25. Deixe o Local TRanslate z com aproximadamente 30 e as divisões com 3.

DICA Você pode clicar nas palavras dos controles e pressionar o botão do meio do mouse a fim de alterar alterando seus valores, quando arrastar para a direita ou para a esquerda. Se você utilizar a tecla Ctrl ao arrastar, a variação de valores ficará mais sutil.

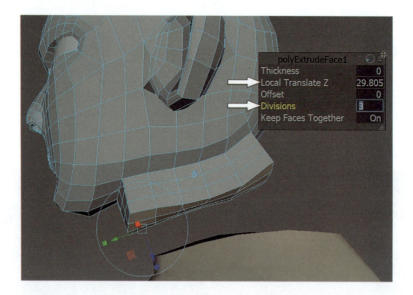

26. Pressione a tecla Delete para apagar as faces inferiores.

27. Feche o modo de edição da anatomia poligonal, clicando com o botão direito do mouse sobre a geometria e apontando para Object Mode, ou no Modeling Toolkit (para isso, clique no botão Object). Outra maneira de fechar uma edição de anatomia é pressionando a tecla de função F8 duas vezes.

28. É necessário saber a quantidade de polígonos existente na junção entre cabeça e corpo. Com o corpo selecionado, clique com o botão direito do mouse e selecione *edge*.

Capítulo 4 – Retopologia 149

29. Clique duas vezes na *edge* de junção do pescoço, como mostrado a seguir.

30. Pressione a tecla de atalho Ctrl F9 para converter de *edge* para vértice.

31. Ative a visualização de contagem da anatomia poligonal, clicando em Display → Heads Up Display → Poly Count.

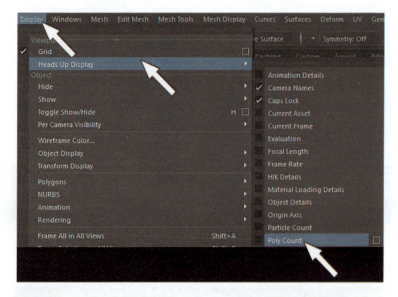

32. Observe os números pelo relatório mostrado na *viewport* pela lateral superior esquerda.

33. São informados 14 vértices para a junção do pescoço, pelo corpo.

34. Repita o procedimento para a junção do pescoço, pela cabeça.

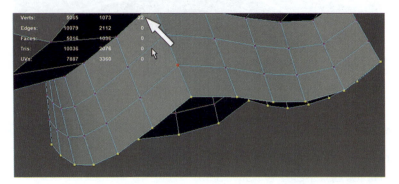

35. São informados 22 vértices para a junção do pescoço, pela cabeça, ou seja, uma diferença de oito pontos. No pescoço, há, na prática, quatro lados. Com a redução de dois vértices por lado, haverá a redução de oito vértices. Para essa ação, utilize o Quad Draw, acionado pelo atalho Ctrl Shift Q.

36. Clique, segure e arraste para mesclar os vértices. Pressione Ctrl Shift e clique sobre as faces para apagar. Pressione e clique sobre o buraco para gerar uma nova face, como mostrado a seguir.

37. Pressionando Ctrl Shift, apague as duas *edges* inferiores, como mostrado a seguir.

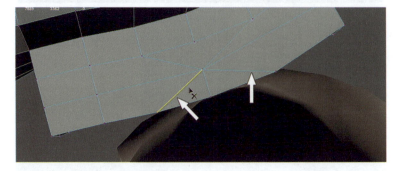

38. Repita procedimento nos outros três lados.

39. Refaça o procedimento de contagem e veja se resultou em 14 vértices.

40. Antes da junção, é necessário combinar as geometrias, tornadas um único elemento. Para isso, feche o modo de edição poligonal.

41. Selecione a cabeça, mantenha pressionada a tecla Shift e selecione o corpo.

42. Clique em Mesh → Combine.

43. Como o rosto estava com um material e o corpo com outro, deixe apenas um material para toda a geometria. Clique com o botão direito do mouse sobre a geometria e aponte para Assign Existing Material → lambert1.

OBSERVAÇÃO Lambert1 é o material-padrão do Maya.

44. Ative a ferramenta Target Weld para mergiar os vértices, ou seja, literalmente costure os elementos, apenas ligando os pontos. Para esse caso, você dever ligar na direção da cabeça para o corpo. Para ativar a ferramenta, clique em Mesh Tools → Target Weld.

45. Ative a simetria em Object X, na barra Status Line, como mostrado na imagem a seguir.

46. Clique no vértice da cabeça e arraste para o vértice correspondente do pescoço, como mostrado a seguir.

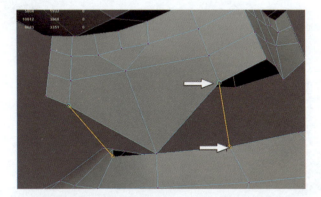

47. Repita o procedimento para os demais vértices até fechar o pescoço.

48. Ajuste a anatomia do pescoço com as ferramentas da Shelf Sculpting, que possui as mesmas funções das ferramentas do Mudbox, como mostrado a seguir.

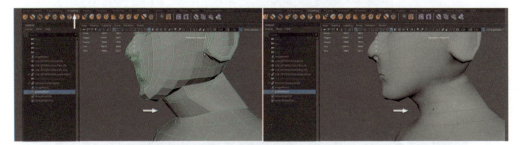

49. Continue ajustando a geometria conforme o Image Plane. Para auxiliar na visualização de ajustes, ative o recurso xRay da *viewport* para gerar um pouco de transparência na geometria, como mostrado a seguir.

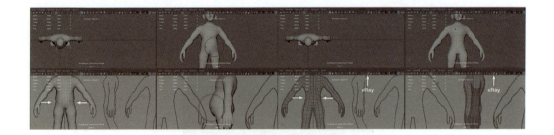

4.4.3 MODELANDO A ROUPA

Existem várias maneiras diferentes de criar uma roupa em 3D, como também existem softwares especializados nessa tarefa, como o Marvelous Designer, por exemplo. Você vai criar uma vestimenta de lutador de MMA para o Marrentim, utilizando a própria geometria do corpo. Para isso, você vai trabalhar com comandos como Extrude, Duplicate Face e Quad Draw.

1. Abra a edição poligonal, clicando com o botão direito do mouse e apontando para Face. Em seguida, selecione as faces da cintura, como mostrado a seguir.

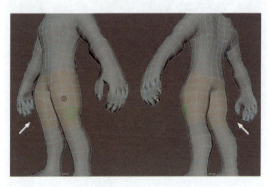

2. Com o Shift pressionado, clique com o botão direito do mouse e aponte para Duplicate Face. Se preferir, clique em Edit Mesh → Duplicate.

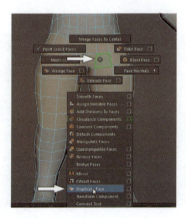

3. Altere o Local Translate Z para aproximadamente 17. Assim, afaste um pouco a geometria dos shorts em relação ao corpo.

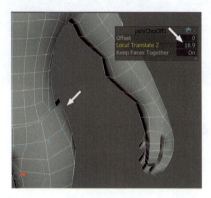

4. Com a edição poligonal fechada, pressione a tecla Q para ativar a ferramenta Select. Clique sobre o corpo e no botão de Live surface. Assim, você deixará o corpo como base para a escultura dos shorts.

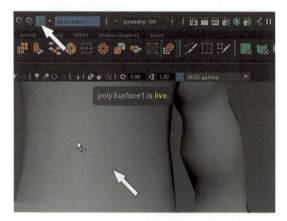

5. Pressione a tecla Ctrl Shift Q para acionar a ferramenta Quad Draw.
6. Crie as geometrias para completar a roupa, como mostrado a seguir.

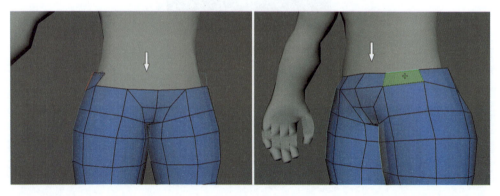

Capítulo 4 – Retopologia 155

7. Ajuste a geometria dos shorts para ficar mais natural.
8. Entre em modo edição poligonal, clicando com o botão direito do mouse sobre a geometria e apontando para *edge*.
9. Clique duas vezes sobre a *edge* da borda para selecionar o *loop* completo.

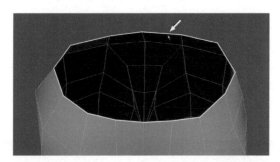

10. Pressione Ctrl E para extrusão.
11. Configure o Thickness para –2 e Divisions para 3. Assim, você ganhará uma espessura de 2 com três divisões para sustentar a forma dos shorts.

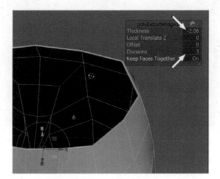

12. Repita o procedimento nas duas pernas dos shorts.
13. Crie *edge loop* perto da cintura e, no final das duas barras, utilizando a tecla de atalho, Ctrl Shift X, e com o Ctrl pressionado, clique na superfície a ser contada com um clique. Esse corte vai auxiliar na forma do Smooth (tecla de atalho 3).

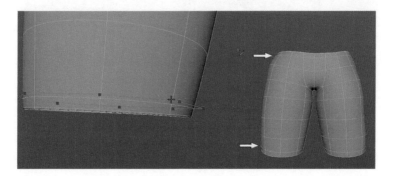

14. Para fazer as luvas, entre em modo de edição poligonal, clicando com o botão direito do mouse sobre a geometria e apontando para a face. Em seguida, selecione as faces como mostrado a seguir.

DICA Lembre-se de que você pode selecionar um *looping*, clicando em uma face, pressionando a tecla Shift e clicando duas vezes na outra face, com um *looping* selecionado. Então, clique e segure pressionada a tecla Shift. Pressione algumas vezes a tecla . (ponto) para selecionar as faces vizinhas.

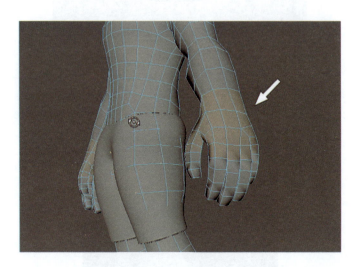

15. Repita o processo a partir do item 03 deste capítulo.
16. Lembre-se de extrudar os dedos da luva.

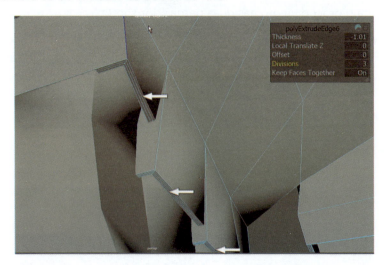

17. Sua modelagem deverá ficar próximo à exibida na imagem a seguir.

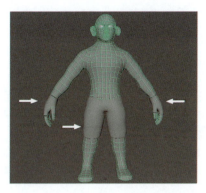

PESQUISA

Saiba mais sobre retopologia, acessando os *sites* a seguir.

Dicas de retopologia usando o Maya e o recurso Quad Draw. (Great Tips for Retopology Workflow in Maya Using Quad Draw)

Disponível em: <http://lesterbanks.com/2016/02/great-tips-for-retopology-workflow-in--maya-using-quad-draw/>.

Saiba mais sobre *edge loop*, acessando os *sites a seguir*.

3D1 – Edge Loop

Disponível em: <http://3d1.com.br/tutoriais/tutoriais-3dsmax/tutoriais-dos-usuarios/edge-loops>.

Wings 3D – Edge Loop

Disponível em: <http://www.wings3d.com/?page_id=766>.

Acessos em: 16 nov. 2017.

CONCLUSÃO

Neste capítulo, você conheceu a técnica de *edge loop*, construiu uma topologia favorável para animação de um personagem, reduziu a quantidade de polígonos, conheceu a biblioteca de *base mesh* do Maya e ligou o corpo, da *base mesh*, à cabeça.

EXERCÍCIOS

Nos exercícios a seguir, assinale a alternativa correta.

1. O que é o conceito de *edge loop*?

   a. É um conceito utilizado em efeitos especiais para gerar realismo nas cenas.

   b. O conceito de *edge loop* é um conjunto de técnicas para auxiliar o personagem a andar.

   c. O conceito de *edge loop* é muito utilizado na modelagem de um personagem para auxiliar na resolução dos problemas de distorção de malha gerada pelas animações.

   d. O conceito de *edge loop* é aplicado apenas na iluminação do personagem

2. Qual é a função do Modeling Toolkit do Maya?

   a. É um painel exclusivo para auxiliar nas animações do Maya.

   b. É um painel exclusivo para modelagem, com novas ferramentas automatizadas, possibilitando um fluxo de trabalho mais rápido em uma única janela.

   c. É um painel exclusivo para modelagem de curvas NURBS.

   d. É um conjunto de ferramentas dedicado à modelagem bidimensional para gerar desenhos animados.

3. O que é *base mesh*?

   a. É a malha final da modelagem, ou seja, é a malha refinada do modelo.

   b. É a ferramenta de pintura poligonal.

   c. É a base inicial de modelagem, ou seja, uma estrutura grosseira a ser lapidada.

   d. É a base inicial de pintura poligonal.

4. Para juntar duas geometrias poligonais selecionadas, qual é o comando aplicado?

   a. Mesh → Reduce.

   b. Mesh → Combine.

   c. Mesh → Smooth.

   d. Mesh → Cleanup.

5. Para ser o objeto de referência, a ferramenta Quad Draw requer que a geometria-base receba um comando por meio do clique de um botão. Qual é o nome desse botão?

   a. Merge to Center.

   b. Combine.

   c. Snap to curve.

   d. Object Live.

TEXTURA, MAPAS E MATERIAIS

CAPÍTULO 5

Objetivos

Este capítulo tem o objetivo de gerar uma superfície poligonal com textura, trabalhando com mapas de deformação, pintura poligonal, aplicação de materiais e exportação dos elementos entre os softwares Maya e Mudbox.

5.1 TEXTURA/UV

Além das propriedades definidas nos materiais, como superfície lisa ou não, é necessário inserir informações como manchas, linhas e desenhos, entre outras, para compor o seu elemento. Tais informações são definidas pelas texturas.

A aplicação de textura se dá por meio de recursos 2D para envelopar uma superfície 3D. Para essa ação, é utilizado um item da anatomia do polígono, as UVs. No exemplo da imagem a seguir, faz-se analogia com o mundo real, para textura 3D. O chocolate constitui a modelagem, e o papel-alumínio, a textura para criar a característica de cores do Papai Noel, ou seja, o chocolate é a modelagem, enquanto o papel aberto com a imagem é o mapa UV, que, envolvido ao chocolate, gera o Papai Noel com cores e detalhes.

Figura 5.1 – Exemplo de texturização no mundo real.
Analogia com os mapas de textura – coordenadas UVs.

Esse processo projeta um mapa de textura em um objeto 3D. As letras UV indicam os eixos da textura 2D para largura e altura, ao passo que XYZs são utilizadas para designar os eixos do objeto 3D no espaço. As coordenadas UVs apenas mapeiam em um espaço de textura, no entanto a computação de renderização usa as coordenadas da textura UV para determinar como cobrirá a superfície tridimensional.

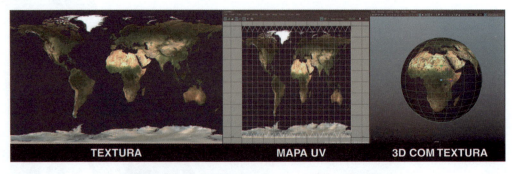

Figura 5.2 – Aplicação de textura em esfera poligonal.

Os UVs são essenciais porque fornecem conexão entre a malha de superfície e o modo como a textura da imagem é distribuída na malha de superfície. As texturas aplicadas nas superfícies de um polígono, que não possuem coordenadas de textura UV, não serão processadas.

Embora o Maya crie UVs por padrão para muitos tipos primitivos, você precisará reorganizar os UVs na maioria dos casos, uma vez que as coordenadas de textura UV não atualizam automaticamente quando se edita uma malha poligonal.

Na maioria dos casos, você mapeia e organiza UVs depois de completar sua modelagem, para então atribuir texturas ao modelo.

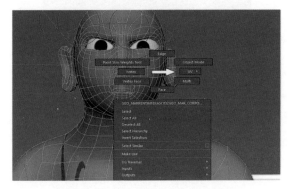

Figura 5.3 – Acesso para anatomia UV.

Sempre que houver a necessidade de texturizar um elemento, você trabalhará com UV.

O UV Editor exibe as UVs do modelo, que é onde será feita toda a edição de UV. Olhe para a grade no UV Editor; perceba que ele está marcado para mostrar as coordenadas nas direções U e V, tanto positivas quanto negativas.

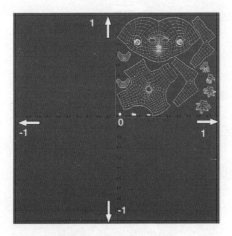

Figura 5.4 – Mapa UV no Maya.

O mapa de textura ocupará a região que fica dentro do espaço positivo de 0 a 1. Quaisquer UVs fora dessa área ou não serão cobertas pela textura ou receberão texturas repetidas (se os atributos de Repeat estiverem habilitados no nó de textura Place 2D). Portanto, é desejável que todas as UVs sejam designadas para essa região.

5.1.1 TEXTURIZANDO UM CUBO

Você vai texturizar um cubo, utilizando o Adobe Photoshop.

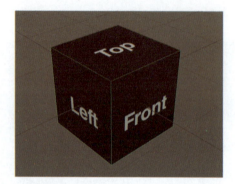

Figura 5.5 – Resultado final da atividade.

1. Crie um novo projeto para essa atividade, clicando em File → Project Window.
2. Mude o nome para Cubo no campo Current Project.
3. Escolha um local para o projeto, clicando em Location.
4. Confirme clicando em Accept, como mostrado na imagem a seguir.

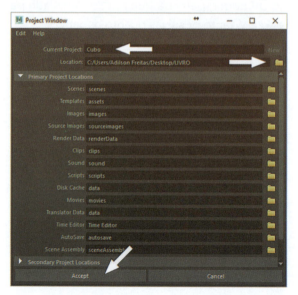

Capítulo 5 – Textura, Mapas e Materiais

5. Crie um novo cubo poligonal, clicando em Create → Polygon Primitives → Cube, mas observe se a opção Interactive Creation está desligada. Dessa maneira, o cubo vai aparecer no centro do universo do Maya.

6. Pressione F para visualizar o cubo com foco.
7. Abra o editor de UVs, clicando em UV → UV Editor.

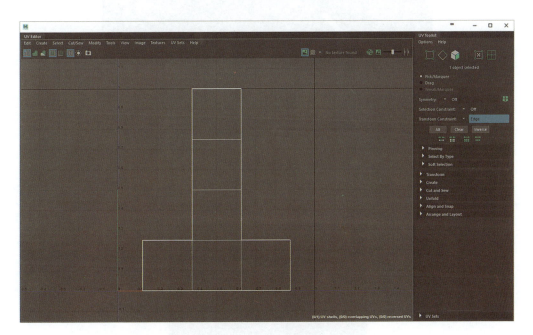

DICA Sempre que você exportar um mapa para aplicação da textura, mantenha o objeto fechado, ou seja, em Object Mode.

8. Na janela UV Editor, clique em Image/UV Snapshot.

9. Na janela UV Snapshot Options, altere o nome para MP_CUBO.

10. Clique em Apply and Close, como mostrado na imagem a seguir.

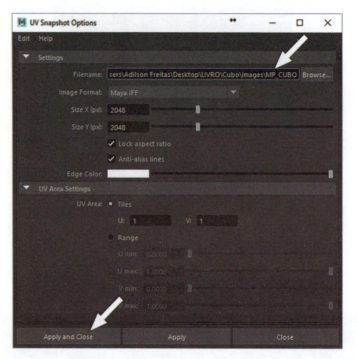

11. Abra o programa Adobe Photoshop.

12. Clique em Arquivo/Abrir.

13. Dentro da pasta Images do seu projeto, abra o arquivo MP_CUBO.iff.

14. Ative a ferramenta Elipse.

15. Insira algumas bolinhas, como mostrado a seguir.

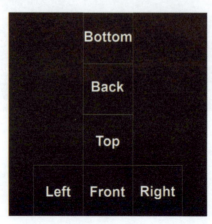

16. Crie uma nova camada para ser o seu plano de fundo do cubo. Essa camada deverá ficar por último, e antes do plano de fundo do Photoshop, que está com a referência.

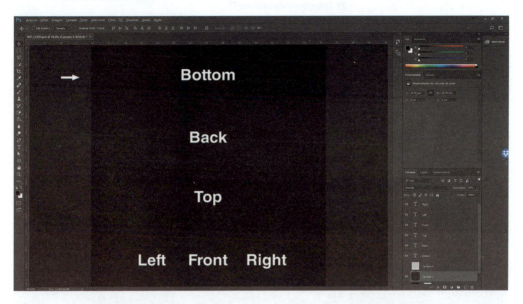

17. Salve com o nome MP_CUBO, com a extensão PSD, dentro da pasta do Cubo\sourceimages.

18. Volte ao Maya.

19. Crie um novo material, clicando com o botão direito do mouse sobre o cubo e apontando para New Material, como mostrado na imagem a seguir.

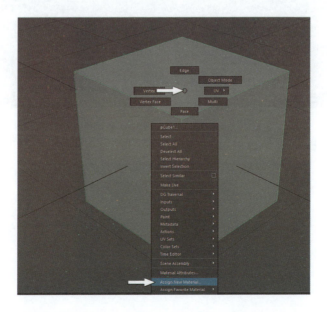

20. Na Janela Assign New Material, clique em Blinn, como mostrado na imagem a seguir.

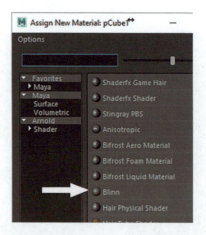

21. Abra o Attribute Editor (Ctrl A).
22. Clique no Node color, como mostrado na imagem a seguir.

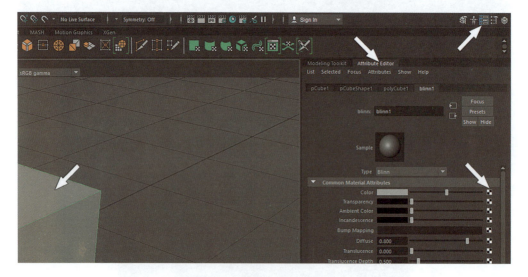

23. Na janela Create Render Node, clique em File, como mostrado na imagem a seguir.

24. Na área File Atributes do Attribute Editor, clique na pasta amarela do Image Name.
25. Na janela Create Render Node, clique em PSD File.

26. Selecione o arquivo MB_CUBO.psb.
27. Clique em Abrir.
28. Salve sua cena com o nome *cubo*.
29. Pressione a tecla 6 para visualizar o material.

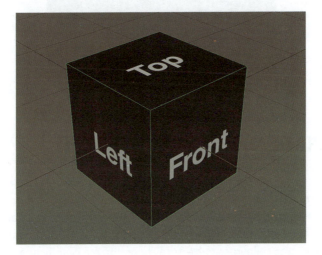

DICA Você pode mudar o arquivo no Photoshop, salvando a alteração e voltando para o Maya, por meio do qual deverá clicar no Node do Color do material do cubo, como mostrado na imagem a seguir.

30. Finalize a atualização no Maya, clicando no botão Reload, como mostrado na imagem a seguir.

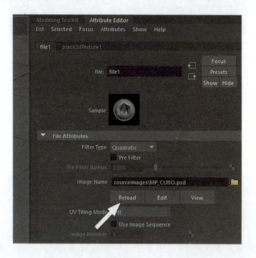

5.2 ABERTURA DE MALHA DO PERSONAGEM

Agora que você conhece um pouco do processo de abertura de malha, é necessário gerar os mapas de textura, brilho, transparência e relevo, entre outros. Uma maneira simplificada de pensar em abertura de malha consiste em imaginar um boneco de papelão com várias faces, que deva ser planificado por você como se fosse uma caixa desmontada. Em outras palavras, a abertura de malha é a planificação da superfície 3D, tornando-a 2D.

A abertura da malha é um processo necessário para gerar os elementos superficiais sobre o *shader*.

1. Com o modo edição poligonal fechado, selecione o corpo do personagem. Caso esteja aberto, clique com o botão direito do mouse sobre a geometria e apontando para Object Mode.

2. Selecione o editor de UVs, clicando em UV → UV Editor.

3. Você verá o mapa do personagem, como mostrado a seguir.

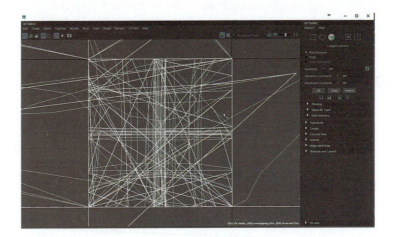

4. Você vai criar um mapa de UVs, o qual depois será editado. Clique em UV → Planar.

5. Observe que o menu UV só aparece se a Status Line estiver em Modeling, como mostrado na imagem a seguir.

6. Para planar o mapa de frente, utilize o eixo Z e ligue o Keep Image Width/Height Ratio para manter a proporção do elemento tridimensional da cena. Em seguida, clique em Apply.

DICA Toda a janela do Maya pode ser resetada, clicando em Edit → Reset, como mostrado na imagem a seguir.

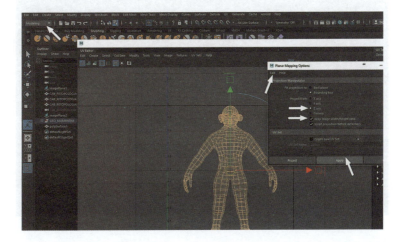

7. Agora, é necessário separar o mapa de UV para depois planificar. Feche o seu UV Editor.

8. Entre em modo edição poligonal, clicando com o botão direito do mouse sobre a geometria e apontando para *edge*.

OBSERVAÇÃO Para fazer os cortes, sempre utilize as *edges* e dê preferência para locais mais escondidos do personagem, pois as UVs *seams* (corte propriamente dito) podem gerar problemas de texturas.

---

9. Faça uma seleção de *edge* com um *looping* completo. Utilize o Shift se necessário. Esse corte deverá ser feito no pescoço, abaixo do maxilar, como mostrado na imagem a seguir.

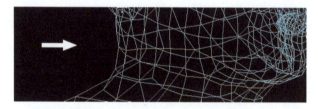

10. Para cortar as UVs, clique em UV → Cut UV Edges.

11. Abra novamente o editor de UV, clicando em UV → UV Editor.

12. No UV Editor, clique com o botão direito do mouse e solte sobre UV Shell.

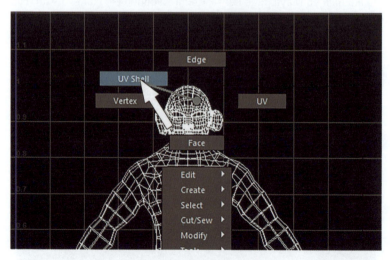

13. No UV Editor, clique na cabeça do personagem.

14. Pressione a tecla W para ativar a ferramenta Move e desloque a cabeça do personagem, como mostrado a seguir.

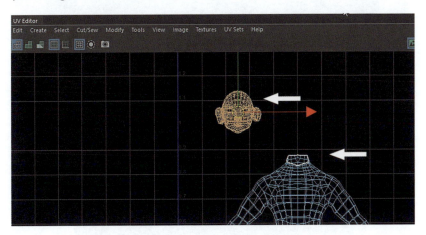

15. Continue o processo de desmembramento das UVs.
16. Trabalhe as orelhas.

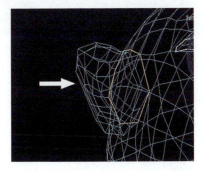

17. Para um fluxo de trabalho melhor, altere a visualização da sua tela, clicando em Windows → Workspaces → UV Editing. Se necessário, dê o comando de Reset.
18. A bolsa dos olhos deve ser separada do rosto, como mostrado na imagem a seguir.

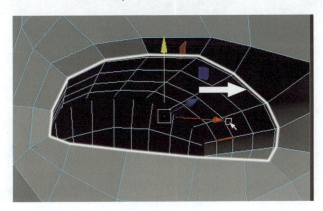

19. Trabalhar a boca.

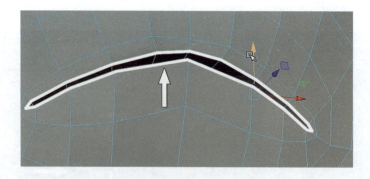

20. Trabalhar o nariz.

21. Na cabeça, você deve fazer um corte. Selecione as *edges*, como mostrado na imagem a seguir.

DICA   Para agilizar a seleção, selecione a primeira *edge*. Com a tecla Shift pressionada, clique duas vezes na última *edge* do intervalo.

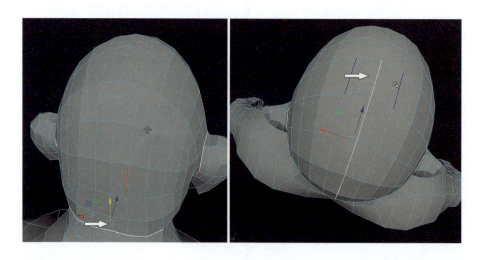

22. Continue os cortes nos punhos, na cintura, nos tornozelos e no meio do corpo, de maneira a dividir o corpo entre a frente e as costas. Acima do ombro, não é necessário fazer cortes.

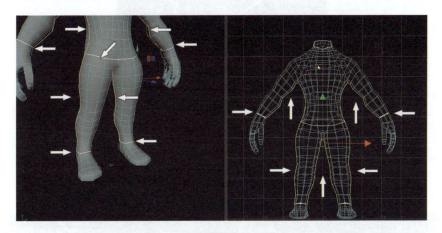

23. Separe a palma da mão. Lembre-se de respeitar os limites do corte.

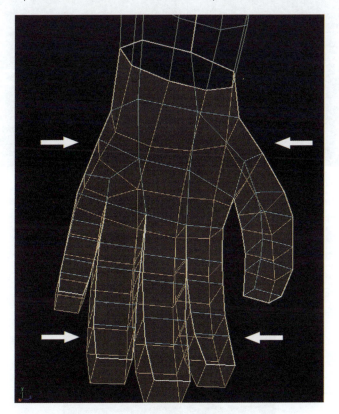

24. Para os pés, faça um corte perpendicular da junção do corte do tornozelo até a frente do pé, pela sola.

25. Nos últimos anos, a Autodesk tem aperfeiçoado muito os recursos para abrir malhas UVs, e a mudança foi maior nessa versão. Trata-se, porém, de uma mudança positiva, que facilitou bastante o trabalho do modelador. Então, para concluir a planificação, clique na aba Unfold da novíssima UV Toolkit.

26. Clique no botão Unfold e observe que sua malha ficará próximo da imagem mostrada a seguir.

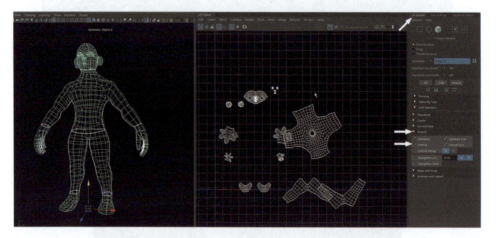

27. Clique em Tweak/Marquee para agilizar os movimentos de escala, mover e rotacionar. Com esse recurso ativo, você notará que, ao clicar e arrastar com a ferramenta Move, o objeto já recebe uma ação. É diferente de clicar para ativar o objeto e depois aplicar o comando. Observe que as ferramentas funcionarão, embora sem apresentar seus símbolos. Para voltar ao normal, clique na opção Pick/Marquee.

> **OBSERVAÇÃO** No UV Editor, a navegação é igual à da *viewport* ortográfica Front ou Top, por exemplo, e todas as ferramentas funcionam normalmente. Se quiser mover, é só pressionar a tecla W para acionar a ferramenta e usá-la.

28. Para facilitar o reposicionamento de cada elemento, utilize o clique do botão direito do mouse e aponte para UV Shell.

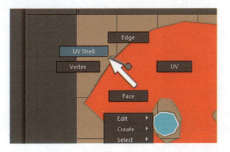

29. Trabalhe com as ferramentas mover, escala e rotação. Ajuste para o mapa, dando preferência para o rosto, o tronco e as pernas, como mostrado na imagem a seguir.

Figura 5.6 – Mapa de coordenadas UVs.

30. A pintura será trabalhada com o Mudbox; se, porém, você preferir, trabalhe com os mapas diretamente no Photoshop, como foi feito no cubo da atividade anterior.

31. O personagem está com a malha aberta, e o trabalho, pronto para que você prossiga no Mudbox.

32. Caso queira exportar o mapa de UV, continue os passos a seguir.

33. A malha deve estar fechada para edição poligonal.

34. Clique em Image → UV Snapshot.

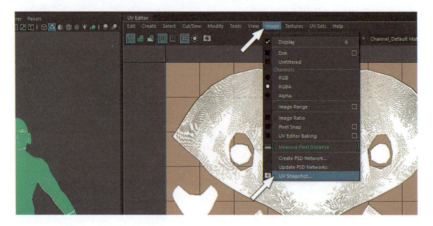

35. Mude o nome final para o nome de sua preferência. Por padrão, aparecerá o nome outUV, dentro da pasta \images.

36. Altere o formato para o de sua preferência. Nesse caso, foi utilizado PNG.

37. O tamanho, por padrão, está com 2.048 para x e y.

38. Clique no botão Apply and Close.

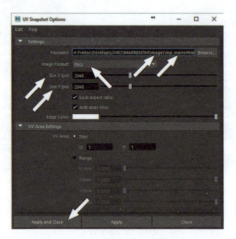

5.3 ABERTURA DE MALHA DA ROUPA

A roupa também necessita de abertura de malha. O processo é o mesmo.

1. Isole os shorts e altere para o modo de edição poligonal, clicando com o botão direito do mouse sobre a geometria e apontando para *edge*.
2. Selecione as *edges* dos shorts de maneira a separar a frente do verso, como mostrado na imagem a seguir.
3. Repita o procedimento para cortar, planificar e ajustar as UVs no UV Editor.

4. Para as luvas, crie o mapa de UV com o comando Planar; no entanto, posicione a câmera como mostrado na imagem a seguir.
5. Em Project from, selecione Camera e clique no botão Project.

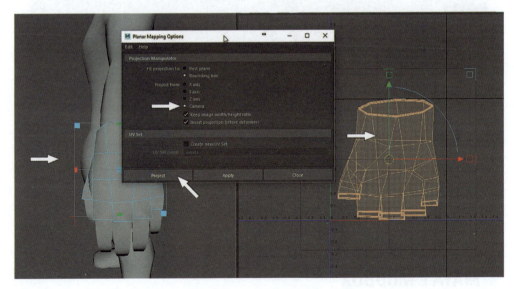

6. Entre no modo de edição poligonal, clicando com o botão direito do mouse sobre a geometria e apontando para a *edge*. Faça a seleção de maneira a separar apenas o dorso da luva, como mostrado na imagem a seguir.

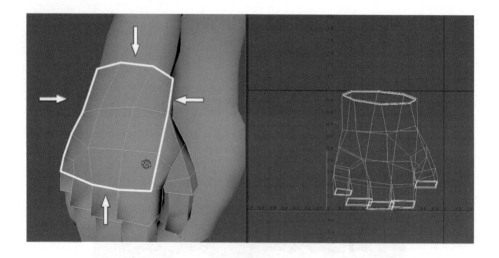

7. Continue o processo UV → Cut UV Edges e prossiga com a abertura de malha, como nos passos anteriores.

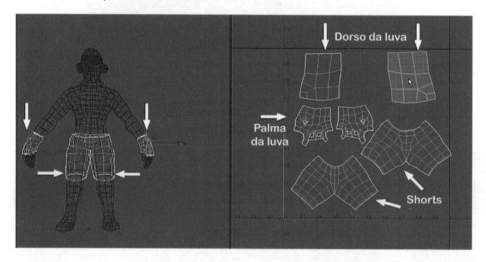

Há dois mapas que podem ser trabalhados diretamente no Photoshop, um do personagem e outro da roupa. Em muitos personagens, tudo é inserido em apenas um mapa.

5.4 EXPORTAÇÃO/IMPORTAÇÃO E INTEGRAÇÃO MAYA E MUDBOX

Você pode exportar seu trabalho do Mudbox e importá-lo rapidamente para Maya, 3Ds Max ou Softimage, usando File > Send to Maya, 3Ds Max ou Softimage.

Capítulo 5 – Textura, Mapas e Materiais

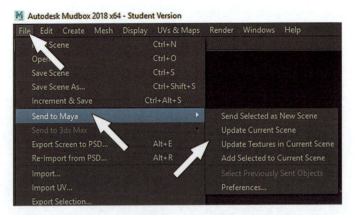

Figura 5.7 – Menu de arquivos do Mudbox

Você encontrará as seguintes opções:

- **Send Selected as New Scene:** envia apenas objetos selecionados para o outro aplicativo. Se nada for selecionado, o Mudbox envia toda a cena.

- **Update Current Scene:** adiciona ou atualiza um objeto na outra aplicação.

- **Update Textures in Current Scene:** atualiza todas as texturas existentes que são referenciadas em uma cena Maya. Isso evita que você reconstrua novas texturas e as inclua na pasta-padrão do projeto Maya quando envia uma cena de Mudbox para Maya.

- **Add Selected to Current Scene:** adiciona um objeto selecionado a uma cena existente no outro aplicativo.

DICA Você deve ter uma versão equivalente do outro produto Autodesk para as opções "Enviar" para estar disponível no menu Arquivo (por exemplo, Maya 2017 com Mudbox 2017). No Maya, o menu Send to praticamente tem a mesma função do Mudbox.

Quando utilizado o comando Send to, os softwares usam o formato de arquivo Autodesk FBX®.

É necessário exportar o conteúdo para o Mudbox para adicionar detalhes de pintura ou escultura e, em seguida, combinar novamente com a cena original.

No fluxo de trabalho apresentado, você pode refinar continuamente o conteúdo em Mudbox, conforme a necessidade. Em particular, é possível incorporar mudanças de topologia no meio do processo de escultura ou pintura. Por exemplo, você inicia o trabalho no Maya, envia para o Mudbox, altera a topologia e clica no botão Update, volta para o Maya e prossegue o trabalho com a topologia alterada. O inverso também funciona. Na imagem abaixo, você vê o botão Update do Mudbox. Ao clicar nele, é feita a atualização da topologia no Maya.

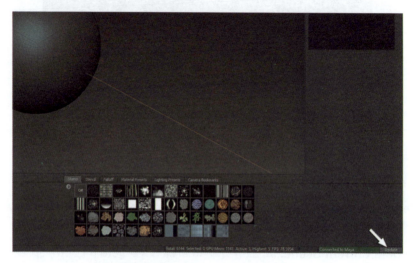

Figura 5.8 – Botão Update Mudbox.

DICA Em alguns momentos de transição dos softwares, por exemplo, Mudbox → Maya, em que pode ocorrer demora, ao clicar no menu File do Maya, o processo é antecipado.

Outra opção é a exportação em formato OBJ ou FBX, pois, em ambos os casos, tanto o Maya como o Mudbox conseguem importar tranquilamente. É com esse fluxo de trabalho que vamos desenvolver nossa atividade, mas, antes, prepare o seu arquivo, seguindo o processo indicado abaixo.

5.4.1 PREPARAÇÃO BÁSICA PARA EXPORTAÇÃO/FINALIZAÇÃO DA MODELAGEM

1. No Maya, salve sua cena.
2. Clique em Edit Mesh → Merge para mesclar qualquer vértice solto em relação à costura feita no pescoço.
3. Clique em Modify → Freeze Transformations para zerar todos os transformadores.
4. Clique em File → Optimize Scene Size para que o Maya limpe algum resíduo inserido e não utilizado.

5. Clique em Edit → Delete All by Type → History para limpar todo o histórico da cena, como nós de transformação dos primitivos e transformadores do extrude, entre outros elementos que não são mais necessários.

6. Salve sua cena.

5.4.1.1 PREPARANDO UM MODELO PARA O MUDBOX

Por padrão, nas preferências de importação de arquivos, está ativa a validação de malha, em que o Mudbox verifica automaticamente as malhas FBX ou OBJ para possíveis problemas antes de realizar a importação.

5.4.1.2 MAPA DE UVS

Assegure-se de que a geometria poligonal tenha UVs, mas não se sobrepõem.

5.4.1.3 FACES QUADRILÁTERAS OU COM MAIS DE UM LADO (QUADS OU N-GON FACES)

Recomenda-se que você trabalhe com modelos de polígonos com quatro lados (*quads*). Os polígonos de três lados e muitos lados são totalmente suportados, mas alguns artefatos visuais podem aparecer quando as regiões de três lados do modelo estão subdivididas em níveis mais altos.

5.4.1.4 TAMANHO E FORMA DE FACES DE POLÍGONO

As faces poligonais do modelo devem ser de tamanho e forma iguais, de modo que criem regiões menores também com tamanho e forma iguais e segurem bem os detalhes quando subdivididos. Quando algumas faces são mais longas ou mais largas, o detalhe esculpido pode ser desigual.

5.4.1.5 *EDGE LOOP/RING FLOW*

A distribuição e a disposição iniciais de *edge loops* e *ring flow* no modelo importado têm impacto na escultura. Uma boa prática é criar um modelo especificamente para esculpir em vez de esculpir no modelo que foi construído para a animação. Mas, se você cria um modelo, reconstrói e recria os detalhes, os *edge loops* e o *ring flow*, desde que corretamente aplicados, ajudarão no fluxo da modelagem.

5.4.1.6 DETALHES

Trabalhe com o Mudbox de maneira gradativa, ou seja, em cada subdivisão crie das formas mais básicas e grosseiras para as mais finas. Não aumente muito as subdivisões para fazer formas básicas, pois é mais difícil trabalhar dessa maneira do que navegar entre os níveis e aplicar a modelagem de forma compatível com a geometria apresentada.

5.4.1.7 LOCALIZAÇÃO DO MODELO EM X, Y, Z

Se você quer executar operações de escultura simétricas no modelo, assegure-se de que ele esteja posicionado no centro da Visualização 3D em X, Y, Z (0, 0, 0), antes de começar a esculpir. O Mudbox fornece recursos para trabalhar em modelos assimetricamente representados que foram deslocados da origem X, Y, Z (dentro do Mudbox). Em geral, os melhores resultados são alcançados quando o modelo está localizado na origem.

5.4.1.8 CONVERTER SUPERFÍCIES DE SUBDIVISÃO EM POLÍGONOS ANTES DA EXPORTAÇÃO

Antes de exportar o seu modelo a partir do seu aplicativo 3D, assegure-se de que ele seja convertido em polígonos. Algumas aplicações 3D permitem a exportação de superfícies de subdivisão no arquivo.obj. As superfícies SubD não são um tipo de superfície válida no Mudbox.

5.4.1.9 TOPOLOGIA DE POLÍGONO

Os modelos poligonais podem ter diferentes configurações ou tipos de topologia. Compreender as características dessas topologias é útil quando você precisa entender por que um modelo não pode ser carregado no Mudbox.

O Mudbox não suporta topologias de polígono não múltiplo. Tais polígonos apresentam uma configuração que não pode ser desdobrada em uma peça plana contínua. Exemplos de configurações não variáveis incluem:

- intersecções em T, onde mais de duas faces compartilham uma borda comum;
- laços de arco, onde duas faces compartilham um único vértice sem compartilhar um rosto;
- normais não contíguas, onde as faces adjacentes foram combinadas de modo que as normais apontem em direções opostas.

O Mudbox suporta superfícies de polígono com um máximo de 16 bordas.

O Maya possui uma ferramenta para sanar problemas como esse, a qual pode ser encontrada em Mesh → Cleanup.

5.4.1.10 VALIDAÇÃO DA MALHA

Se você não aplicar esses procedimentos, o Mudbox poderá validar a geometria e informar os possíveis problemas. Muitos problemas de malha simples podem ser corrigidos no Mudbox, selecionando faces, excluindo-os e, em seguida, corrigindo furos na malha. Em alguns casos, simplesmente suavize ou estique partes da malha.

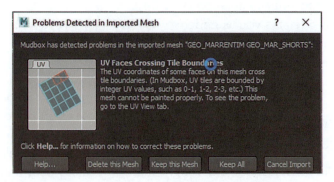

Figura 5.9 – Detector de problemas da importação.

A Tabela 5.1 lista os possíveis erros de malha no Mudbox e sugere maneiras de corrigi-los, se o problema for menor. Dependendo da sua tarefa no Mudbox, você pode ignorar com segurança alguns erros.

Tabela 5.1 – Possíveis erros de malha no Mudbox

NOME	SÍMBOLO	PROBLEMA	POSSÍVEL SOLUÇÃO
High-valence vertex		Pelo menos um vértice tem mais de 16 edges adjacentes. Você pode usar essa malha, mas, se a empregar para uma extração de mapa com suavização de malha ativada, haverá artefatos no mapa gerado.	Persistir no uso dessa malha é bom para operações de retopologia, mas não para subdivisão. Se você precisa subdividir a malha, no Maya é possível selecionar e apagar as faces problemáticas e fechar o buraco com faces de quatro lados.
Non-manifold (T-shape)		Pelo menos uma edge nessa malha é compartilhada por mais de duas faces. Isso deve ser corrigido antes que a malha possa ser usada no Mudbox.	Selecione e apague as faces problemáticas e, em seguida, tape o buraco.
Non-manifold (vertex splice)		Pelo menos um vértice nessa malha é compartilhado por faces. Isso deve ser corrigido antes que a malha possa ser usada no Mudbox.	Selecione e apague as faces problemáticas e, em seguida, tape o buraco.
Two-sided faces		Há pelo menos uma face nessa malha cujo limite é composto de apenas duas arestas. Usar essa malha na Mudbox causará erros ao esculpir e ao pintar.	Selecione e apague as faces problemáticas e, em seguida, tape o buraco.
Too many sides in a face		O limite de pelo menos uma face na malha compreende mais de 16 bordas. Essa malha não irá subdividir-se adequadamente e mostrará artefatos visíveis perto dessa face, se pintada.	Selecione e apague as faces problemáticas e, em seguida, tape o buraco.
Boundary Vertex has Too Many Edges		Um vértice é compartilhado por mais de dois limites. Isso deve ser corrigido antes que a malha possa ser usada no Mudbox.	Selecione e apague as faces correspondentes e as reconstrua separadamente.

▶

184 Autodesk Maya e Mudbox 2018

NOME	SÍMBOLO	PROBLEMA	POSSÍVEL SOLUÇÃO
Interior Vertex has Valence Two		Um vértice no interior da malha tem exatamente duas arestas que o conectam. Essa malha não pode ser subdividida e causará problemas ao esculpir.	Apague esse vértice.
Zero-length edges		Pelo menos uma borda nessa malha é zero-comprimento. Se pintada, essa malha mostrará artefatos visíveis.	Isso pode ser corrigido subdividindo a malha.
Lamina Faces		Algumas faces nessa malha estão exatamente em cima de outras. Essa malha não se subdividirá adequadamente e terá artefatos visíveis, se pintada.	Selecione e apague as faces problemáticas.
UV Faces Crossing Tile Boundaries		As coordenadas UV de algumas faces nessa malha cruzam os limites das telhas. (Em Mudbox, as telhas UV são delimitadas por valores UV inteiros, como 0-1, 1-2, 2-3, etc.) Essa malha não pode ser pintada corretamente.	Com a validação de malha ativa, selecione UV & Maps ® Flatten to UV Space (tecla de atalho: Alt + T). Com a malha aberta na viewport do Mudbox, selecione Grab na bandeja Sculpt Tools e, em seguida, arraste as faces UV para dentro dos limites do mapa UV, ou ajuste no Maya antes de importar.
Incomplete UV Set		Essa malha tem um conjunto incompleto de UVs. Você deve corrigir esse problema antes de subdividir ou pintar a malha adequadamente.	Use Create UVs no menu UVs & Maps ou crie um novo mapa no Maya.
Degenerated Face		Essa malha tem faces cujos cantos ficam na mesma linha ou localização no espaço. Essa questão pode ocorrer em áreas bem detalhadas, como os cantos internos do olho. A malha não pode ser retopologizada enquanto esse erro persiste.	Use a ferramenta Smooth para suavizar a área e corrigir esse problema.

5.4.2 EXPORTAÇÃO

Para enviar um arquivo do Maya para o Mudbox, basta clicar no Maya em File → Send to Mudbox → Send as New Scene e pronto. O sistema abrirá o Mudbox com o arquivo pronto para receber as modificações necessárias.

Mas você pode seguir por outro caminho, não por ser melhor, e sim por se tratar de uma opção, caso a alternativa anterior não funcione. Você pode trabalhar por exportação. No entanto, antes de exportar, é bom conferir alguns itens da sua geometria.

1. O formato que você vai usar é o OBJ, mas é necessário conferir se ele está ativo no Maya, então clique em Windows → Settings/Preference → Plug-in Manager.

2. Se as caixas Loaded e Auto load do objExport.mll estiverem desmarcadas, ative cada uma para habilitar a exportação por obj.

O formato obj é um formato universal para elementos tridimensionais.

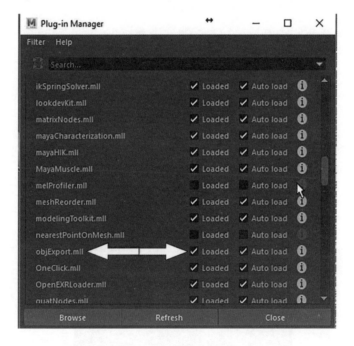

3. No Maya, clique em File → Export All.
4. Por padrão, o Maya abrirá a pasta Scenes do seu projeto. Coloque o nome, mude o Files of type para ObjExport e clique Export Selection.

5. Vá para o Mudbox.

6. No Mudbox, clique em File → Import.

7. Procure o arquivo que, no caso do indicado no livro, está com o nome MARRENTIM_OBJ.obj.

8. Ajuste o modelo, inserindo detalhes no rosto e no corpo. Para isso, utilize as mesmas ferramentas aplicadas à atividade de modelagem do rosto.

DICA Sempre utilize referências para sua modelagem; no caso do corpo, porém, um cuidado especial deve ser tomado em suas referências. Os halterofilistas, por exemplo, podem enfatizar um grupo muscular maior que outro e gerar algumas desproporções.

A seguir, veja algumas referências musculares como exemplos:

Figura 5.10 – Referência muscular 1.

Figura 5.11 – Referência muscular 2.

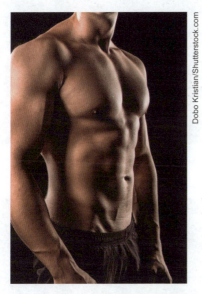

Figura 5.12 – Referência muscular 3.

Figura 5.13 – Referência muscular 4.

9. Ajuste a modelagem, aumentando as subdivisões e utilizando todos os recursos aprendidos. Trabalhe livremente para fazer o seu modelo, e, com o tempo, você poderá trabalhar em um modelo específico, deixando a modelagem 3D igual à referência 2D. Agora, contudo, não é o momento para essa tarefa. Solte a sua modelagem, abuse dos recursos, teste as ferramentas, mas sempre salvando as versões, com o comando Ctrl Alt S. No Maya, também se salva em versões, utilizando o mesmo comando Ctrl Alt S.

OBSERVAÇÃO Nesse momento, não haverá problemas em aumentar as subdivisões porque você vai enviar um modelo para o Maya com poucos polígonos (*low poly*) e gerar um mapa de detalhamento (*normal map*) de uma geometria com muitas subdivisões (*high poly*).

Figura 5.14 – Resultado do detalhamento da retopologia.

Figura 5.15 – Resultado do detalhamento da retopologia.

Figura 5.16 – Resultado do detalhamento da retopologia.

OBSERVAÇÃO Mãos e pés não foram trabalhados; ambos estão em sua modelagem nativa da *base mesh*.

5.4.3 SHADER – 1

No mundo real, independentemente do material de que um objeto é feito, um dos principais fatores que determinam a sua aparência, além da forma, é sua superfície. O outro fator é a luz. Isso porque, quando a luz atinge os objetos, parte é absorvida e parte é refletida.

Os materiais (também chamados de *shaders*) definem a superfície de um objeto. Alguns dos atributos mais básicos de materiais incluem cor, transparência e brilho.

5.4.3.1 PROPRIEDADES DOS SHADER DO MUDBOX

Figura 5.17 – Propriedades dos *shader* do Mudbox.

DIFFUSE

Diz respeito à cor do *shader*, isto é, a cor pura em um ambiente sem fatores externos. Veja outras informações no item 5.4.5.1.

SPECULAR

Especifica a cor do brilho do material, particularmente o reflexo da luz. Veja outras informações no item 5.4.5.3.

GLOSS (OU BRILHO)

É o tamanho da reflexão especular.

INCANDESCENCE

Simula a emissão de luz do material independentemente das luzes existentes na cena. Essa camada de pintura indica o brilho e em que medida a luminosidade da cena afetará a iluminação do seu modelo.

BUMP MAP

É a área de ligação dos mapas de bump. Veja outras informações no item 5.4.5.5

NORMAL MAP

É a área de ligação dos mapas de Normal map. Veja outras informações no item 5.4.5.7.

REFLECTION MASK

Essa máscara de reflexão delimita os lugares em que seu modelo refletirá o ambiente. Veja outras informações no item 5.4.5.4.

OPACITY

Especifica onde sua escultura será transparente ou opaca, onde a cor clara é visível e a cor escura, invisível. Veja outras informações no item 5.4.5.2.

VECTOR DISPLACEMENT MAP

É usado para representar detalhes não modelados ou esculpidos no modelo original, como um método para transferir detalhes esculpidos a partir de um modelo para outro, como imagens de estêncis e selos sobre as ferramentas de escultura.

1. No Mudbox, clique com o botão direito do mouse sobre a geometria e aponte para Assign New Material → Mudbox Material.

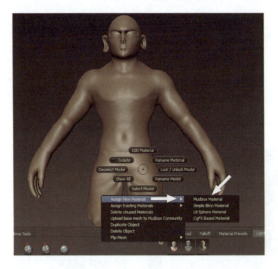

2. Insira o nome.
3. Altere o *diffuse* para branco.
4. Altere o *specular* para cinza, clicando na cor do *specular*, e, na aba RBG, altere o Rage para 0 to 255.
5. Para deixar o brilho mais fraco, em RGB mude para R45, G45, B45, como mostrado na imagem a seguir.

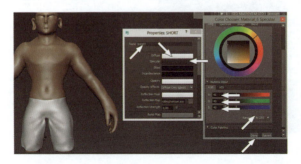

6. Repita o processo a partir do item 1 dessa atividade para gerar material para as luvas de cor preta.

7. Para a segunda luva, compartilhe o mesmo material, clicando com o botão direito do mouse sobre a geometria da outra luva, e aponte para Assing Existing Materials → Luva, como mostrado na imagem a seguir.

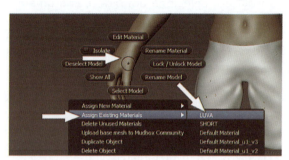

8. Repita o processo a partir do item 1 dessa atividade para gerar material para os olhos de cor branca.

9. Por que não se deve compartilhar o mesmo material, já que ambos são de cor branca? A questão é que cada um receberá uma pintura diferente.

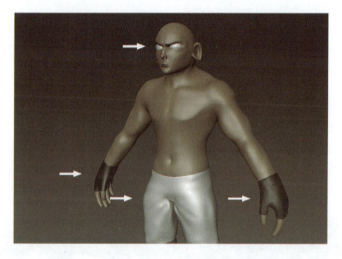

OBSERVAÇÃO No caso da modelagem para os olhos, é importante frisar que existem vários métodos. O abordado neste livro é o método inicial. Já uma modelagem mais realista deverá trabalhar com outras técnicas, que utilizam até 4 geometrias distintas e vários materiais, aplicados para cada anatomia, como córnea, córnea transparente, pupila e íris.

5.4.4 PINTURA POLIGONAL – AUTODESK MUDBOX

Depois da retopologia, da malha aberta e da aplicação de diferentes materiais, você poderá utilizar a pintura poligonal do Mudbox.

As ferramentas de pintura no Mudbox permitem a aplicação de tinta digital em seus modelos 3D de alta resolução. Selecione um pincel, crie uma camada para pintar e pinte seu modelo na Vista 3D.

Ao término, você poderá exportar os mapas de textura, *normal map* e *specular*, entre outros mapas auxiliares, ao render do Autodesk Maya.

Uma das vantagens da pintura poligonal no Mudbox é a possibilidade de trabalhar em várias camadas, como sua modelagem.

5.4.4.1 CAMADAS DE PINTURA NO MUDBOX

Quando você pinta em um modelo no Mudbox, a tinta é aplicada a uma camada de tinta. Essas camadas possibilitam acompanhar as imagens de *bitmap* 2D que você cria ao pintar. As camadas são semelhantes a peças transparentes de acetato que permitem separar a tinta entre uma camada e outra.

NOTA Você deve ter pelo menos uma camada de tinta para pintar em um modelo.

5.4.4.2 PAINT TOOL (FERRAMENTAS DE PINTURA)

É na aba Paint Tool (Ferramentas de Pintura) que se localizam as ferramentas necessárias para pintar a sua escultura. Você pode modificar as propriedades da ferramenta de pintura na janela Propriedades.

Figura 5.18 – Painel de ferramentas de pintura (Paint Tools).

Há 16 ferramentas-padrão que você pode escolher, e todas têm propriedades que podem ser personalizadas para sua sessão de trabalho. Essas configurações podem ser adicionadas à bandeja de ferramentas de pintura, se você precisar usá-las em um projeto futuro.

Tabela 5.2 – Ferramentas de pintura e descrições

Ícone	Nome	Objetivo
	Paint Brush	Pinta a geometria na camada específica.
	Projection	Aplica a textura e a cor usando uma imagem de estêncil que você seleciona na bandeja do *Stencil*.
	Eyedropper	Permite copiar (amostra) uma cor do seu modelo (da camada de tinta atual) e carregá-la para a ferramenta de pintura atual.
	Airbrush	Aplica tinta com muito menos opacidade em comparação com o *brush* de pintura, de modo que a tinta aparece mais esfumaçada do centro do curso em direção às bordas externas.
	Pencil	Aplica uma linha fina e escura.
	Paint Erase	Remove a tinta da camada de tinta ativa. Quando um modelo tem múltiplas camadas de tinta, ao apagar a tinta em uma camada, revela tinta da camada subsequente inferior.
	Clone	Baseads em uma área, essa ferramenta copia a mesma textura para outra área. Você define um ponto de amostragem sobre a região pintada que deseja copiar e, em seguida, pintar em outro local. Para configurar um ponto de amostragem, utilize a tecla Ctrl. Essa ferramenta é similar ao Stamp do Photoshop.
	Dry Brush	Aplica tinta com base na profundidade da superfície do seu modelo. Ele permitirá que você pinte apenas as áreas mais elevadas ou apenas rebaixadas. Utilize o Ctrl para inverter a função.
	Blur	Desfoca detalhes de pintura.
	Dodge	Ilumina áreas da pintura. Útil para revelar destaques. Essa ferramenta pode ser configurada para afetar as luzes altas, médias ou baixas.
	Burn	Escurece áreas da pintura. Essa ferramenta pode ser configurada para afetar as luzes altas, médias ou baixas.
	Contrast	Aumenta ou diminui a diferença entre pixels claros e escuros em um mapa de textura.

▶

194 Autodesk Maya e Mudbox 2018

Ícone	Nome	Objetivo
	Sponge	Aumenta ou diminui a saturação de cor dos pixels.
	Hue	Substitui valores de matiz de pixel por um novo valor de matiz por você especificado. Os valores de saturação e luminância no pixel permanecem inalterados.
	Hue Shift	Modifica a tonalidade de pixels pela quantidade (em rotação de graus na roda de cores) especificada por você. Os valores de saturação e luminância no pixel permanecem inalterados.
	Invert	Converte pixels em um valor de cor inversa na escala de cores. Por exemplo, um pixel preto torna-se branco, um pixel azul torna-se amarelo, o pixel vermelho torna-se verde, e assim por diante, sempre trabalhando nas complementares de cada cor.

Ao clicar em alguma ferramenta de pintura, a janela Propriedades exibe mais configurações para serem ajustadas de acordo com o seu trabalho. Algumas opções têm o mesmo nome e são parecidas com as propriedades das ferramentas de escultura, entretanto são direcionadas para a pintura.

Tabela 5.3 – Ferramentas de pintura

Propriedade	Descrição
Color	Exibe a cor atual para o Paint Brush. Clique na cor para exibir a janela.
Affect	Específico para as ferramentas *Dodge* e *Burn*. As predefinições permitem o viés do raio (*Dodge*) ou o escurecimento do efeito (*Burn*), que ocorre dentro do intervalo especificado tonal nas áreas em que você aplica: • Midtones: afeta os meios-tons (intervalos de valor de cinza) na imagem. • Highlights: afeta do cinza-claro aos valores brancos sobre a imagem. • Shadows: afeta o cinza mais escuro para tons de preto na imagem. • All: afeta todos os tons na imagem de textura.
Exposure	Específico para as ferramentas *Dodge* e *Burn*. Controla a quantidade de clareamento ou escurecimento que ocorre nos pixels afetados para cada pincelada, dependendo da configuração do parâmetro *Affect*.
Blur Strength	Específico para a ferramenta *Blur*. Determina o tamanho da área circular (em pixels) que é amostrado para determinar a quantidade de desfocagem. Quanto maior o raio, maior a quantidade de desfocagem.
Contrast	Específico para o pincel *Contrast*. Controla a diferença entre pixels de luz e escuro. Um valor positivo aumenta o contraste, um valor negativo reduz. O intervalo é de -10 a 10, com padrão 1.
Amount	Específico para o pincel *Sponge*. Aumenta ou diminui a saturação de cor para pixels de uma imagem que você aplica. Um valor positivo diminui a saturação da cor do pixel, enquanto um valor negativo aumenta. O intervalo é de -1 a 1, com padrão 1.

Propriedade	Descrição
Hue Shift	Específico para o pincel *Hue Shift*. Especifica a quantidade de graus para mudar valores de matiz ao redor do anel em relação ao seu valor de cor atual. Por exemplo, uma configuração *Hue Shift* de 90 graus desloca um pixel de tonalidade vermelho para verde (com base no sentido contrário ao dos ponteiros do relógio em torno do anel da cor). Você pode inserir valores positivos ou negativos que variam entre 1 e 180 graus e também usar o seletor de cores para referência.
Size	Define o raio da ferramenta. O tamanho é medido em unidades de espaço do mundo (por exemplo, um tamanho-padrão de 100 é igual a um raio de 100 centímetros). Teclas de atalho: pressione B e arraste ou pressione as teclas de colchetes, para reduzir o tamanho e aumentá-lo.
Strength	Determina a força da ferramenta aplicada com cada clique. A tecla de atalho é a letra M. Pressionando M e clicando, segurando e arrastando para cima, você aumenta a força e, para baixo, a diminui. Os valores são de 0 até 100.
Mirror	Reflete a pintura, de um lado de um modelo para o outro, ao longo do eixo especificado: • OFF: não são refletidos. • X: reflete em todo o espaço do mundo no eixo X. • Y: reflete em todo o espaço do mundo no eixo Y. • Z: reflete em todo o espaço do mundo no eixo Z. • X Local: reflete posições em todo o espaço local eixo X. • Y Local: reflete posições em todo o espaço local eixo Y. • Z Local: reflete posições em todo o espaço local eixo Z. • Tangente: reflete por meio da linha de centro de um modelo topológico topologicamente simétrica. Para usar o espelhamento do espaço tangente em um modelo, você deve primeiro definir o centro topológico do modelo.
Stamp Image	Liga o selo da imagem selecionada para a ferramenta. Selos modificam a intensidade do pincel de pintura de acordo com os valores da escala de cinza na imagem do selo. Quanto mais escuros os valores globais, menor força a ferramenta terá. Nem todos os pincéis trabalham com selos.
Orient to Stroke	Orienta o selo ao longo do cursor do seu desenho.
Rotate, Horizontal, and Vertical Flip	Gira o selo e inverte a posição, espelhando para horizontal e vertical.
Randomize	Liga os controles deslizantes aleatórios para a ferramenta Selo. Passe o mouse sobre as alavancas, e várias opções serão mostradas exemplificando suas funções.
Stamp Spacing	Controla a frequência carimbo/continuidade em um curso. Dependendo das configurações de tamanho e *Falloff* para uma ferramenta, o espaçamento selo pode ser definido para um valor mais alto a fim de refinar o comportamento da ferramenta e melhorar a aparência do traçado. O padrão é de 6,25 e varia entre 0 e 100. Quanto maior for a configuração, mais lacunas aparecem no traçado, dependendo das configurações da ferramenta.
Steady StrOKe	Ajuda a produzir uma aplicação suave com o mouse ou o movimento da caneta. Quando ligado, uma linha é exibida no cursor da ferramenta e nenhum traço aparece até que você arraste a uma distância igual ao comprimento da linha, definido pela propriedade Distance na opção Steady Stroke.
Snap to Curve	Quando ativado, a ferramenta se encaixa em uma curva ativa quando o cursor se deslocar dentro da distância especificada.

196 Autodesk Maya e Mudbox 2018

Propriedade	Descrição
Snap to Curve Distance	Define a distância do cursor que será afetado ao percorrer uma curva. O padrão é 60.
Flood from Camera	Pinta todas as partes do mapa de textura que são visíveis para a câmera com a cor ativa (não disponível para *Clone*, *Blur* e *Dry Brush*).
Reset	Retorna para os valores iniciais da ferramenta.
Falloff	Permite especificar como o efeito da ferramenta diminui de seu ponto de centro para a borda externa. O recuo é representado como uma curva que pode ser editada.
Snap	Restringe os pontos para a grade.
Store To	Salva a curva para a bandeja.
Falloff Image	Clique com o botão direito do mouse na imagem do gráfico na janela Propriedades para as seguintes opções: • Ponto de inserção: insere um ponto de novo sob o cursor. • Selecione ponto: seleciona o ponto sob o cursor. • Excluir ponto: apaga o ponto sob o cursor.
Falloff based on Facing Angle	Quando ligado, o Mudbox reduz o efeito do Sculpt ou ferramenta de pintura sobre as partes do modelo que estiverem afastadas a partir da câmara. Você pode definir os valores-limite para a queda usando Ângulo Falloff Start, e os valores variam. Por exemplo, se o ângulo inicial Falloff estiver definido para 85, e a Faixa de Falloff como 5, haverá colisão com um ângulo de frente de 0 para 85 graus. De 85 a 90 graus, a queda vai do nada para a cheia. Para rostos com ângulos de frente para mais de 90 graus, o pincel não tem efeito nenhum.
Falloff Start Angle	Define o ângulo máximo de queda abaixo do qual não é aplicado. A gama permite valores de 0 a 90.
Falloff Range	O número de graus em que a queda continua de mínimo a máximo. O intervalo permitido é de valores entre 0 e 180, menos o valor *Start Falloff Angle*. Por exemplo, se você definir o ângulo inicial *Falloff* a 45, o *Range Falloff* pode ser de 0 a 135.
Advanced/ Remember Size	Preserva o tamanho da ferramenta após a sua utilização. Quando desligada, a ferramenta herda o tamanho usado anteriormente.
Orient To Surface	Orienta a exibição do cursor da ferramenta (na vista 3D). Influencia somente o visor do cursor, e não o efeito do *brush* sobre a superfície.
Pen Pressure: Min Size	Especifica o menor valor quando a pressão é aplicada na caneta, expressa como uma porcentagem de propriedade da ferramenta de tamanho. Por exemplo, um tamanho mínimo de 100 indica que não existe variação de tamanho, independentemente da pressão aplicada.
Pen Pressure: Min Strength	Especifica a pressão relativa de acordo com a pressão aplicada pela caneta, expressa como uma porcentagem do valor da força primária da ferramenta. Por exemplo, uma força mínima de 100 indica que não existe variação de força, independentemente da pressão aplicada.

Capítulo 5 – Textura, Mapas e Materiais

Agora que você conhece as ferramentas de pintura do Mudbox, poderá pintar o seu personagem.

Uma boa prática é criar camadas de pintura, do nível mais básico para o mais detalhado. Por exemplo, crie uma camada para tonalidades do rosto e pinte a testa com um tom um pouco mais claro. Deixe a região das bochechas com um tom avermelhado e a região do queixo um pouco mais verde para simular barba feita. Depois, crie outra camada para fazer as manchas maiores do rosto, conforme sua referência. Outra camada poderia ser aplicada para as pintas do rosto. Lembre-se de utilizar várias referências em diversificados momentos da pintura, como na modelagem.

No exemplo de pintura a seguir, foram criadas camadas para a base da pele, a barba (nesse caso, já inseridos o vermelho do rosto e um pouco de branco na testa), a boca, as manchas, as pintas e a tatuagem. Lembre-se de clicar no botão Paint para criar novas camadas de pintura.

Figura 5.19 – Painel de camadas de pintura (Paint).

ATENÇÃO   A influência do pincel de pintura, como o de modelagem, tem relação direta com o *Falloff*.

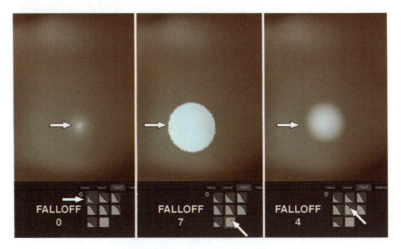

Figura 5.20 – Exemplo de *Falloff*.

5.4.4.3 PINTURA COM ARQUIVO EXTERNO

Figura 5.21 – Arquivo para trabalho – tatuagem 1.

Figura 5.22 – Arquivo para trabalho – tatuagem 2.

Figura 5.23 – Arquivo para trabalho – tatuagem 3.

Figura 5.24 – Arquivo para trabalho – tatuagem 4.

1. No Mudbox, depois de pintar o seu personagem, crie uma camada de pintura com o nome de Tatoo.

2. Utilizando os arquivos do livro, copie os arquivos mma.jpg, tatoo 001.png e tatoo02.png e cole na pasta Sourceimages do seu projeto criado pelo Maya.

3. Clique em Image na aba Browser.

4. Clique na pasta amarela, Open Diretory.

5. Procure a pasta Sourceimages do seu projeto e clique no botão Choose.

6. Selecione o arquivo Tatoo 005.png.

7. Clique no botão Scale to fit ▣ para ajustar o tamanho da imagem na tela.

8. Na aba de ferramentas de pintura, *Paint Tools*, clique no botão Projection para ativar a ferramenta de projeção.

   Clique no botão set Stencil ▣ para configurar o estêncil na ferramenta.

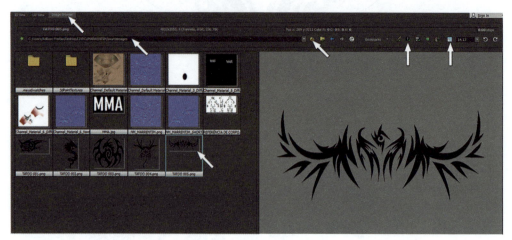

9. Certifique-se de que está na camada e pintura Tatoo.

10. Volte para aba 3D View, onde está o personagem.

11. Posicione o personagem de costas, como mostrado na imagem a seguir.

12. O estêncil fica flutuando na tela. Utilize os comandos que aparecem na *viewport*, na área inferior esquerda, como mostrado na figura a seguir.

13. Para mover o estêncil, utilize S e o botão do meio do mouse.

14. Para rotacioná-lo, utilize S e o botão esquerdo do mouse.

15. Para alterar o tamanho, utilize S e o botão direito do mouse.

16. Posicione o estêncil sobre as costas e clique, segure e arraste por toda a extensão do desenho, como mostrado na imagem a seguir.

17. A tecla Q oculta e reexibe o estêncil.
18. Faça outras intervenções de imagens de acordo com a sua preferência ou baseado na imagem a seguir.

OBSERVAÇÃO Em cada material, será criado um conjunto de camadas, ou seja, o corpo tem as camadas, e os shorts terão outras camadas para o trabalho.

Figura 5.25 – Resultado final após a pintura.

5.4.4.4 ORGANIZANDO SEUS MATERIAIS

Antes de gerar o *Normal Map* e enviar para o Maya, você deve organizar os materiais para facilitar o seu trabalho.

1. Altere o nome do material do corpo, clicando com o botão direito sobre ele e apontando para Rename Material.

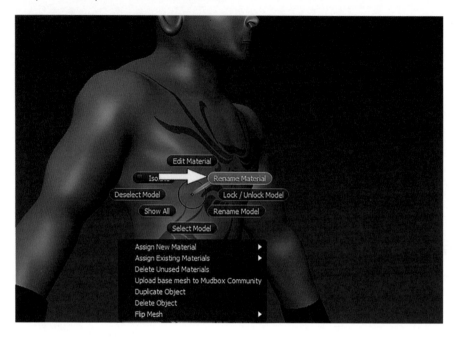

2. Mude para MT_CORPO.

3. Mude os demais materiais das geometrias, deixando:
   - MT_OLHO;
   - MT_LUVA;
   - MT_SHORTS.

5.4.5 MAPAS

5.4.5.1 *COLOR MAPS*

Ao mapear uma textura para o atributo Cor do material de um objeto, você cria um mapa de cores que descreve a cor do objeto.

5.4.5.2 TRANSPARENCY MAPS

Ao mapear uma textura para o atributo Transparência do material de um objeto, você cria um mapa de transparências que permite fazer partes de um objeto opacas, semitransparentes ou inteiramente transparentes.

5.4.5.3 SPECULAR MAPS

Ao mapear uma textura para o atributo Specular do material de um objeto, você cria um mapa especular que permite descrever como o brilho aparece nos objetos (controlando o destaque).

5.4.5.4 REFLECTION MAPS

Ao mapear uma textura para o atributo Reflection do material de um objeto, você cria um mapa de reflexão que permite descrever como um objeto reflete o entorno.

5.4.5.5 BUMP MAPS

Promove uma falsa sensação de profundidade na textura. Os valores mais escuros parecem estar mais dentro da superfície da escultura, enquanto os mais claros parecem estar fora. Em tons de cinza a 50%, entre o claro e o escuro, teremos o nível real da superfície da escultura. Você o usará para criar sensações de cicatriz, por exemplo, e a pele da escultura parecerá mais ressaltada pelo efeito do canal *bump*. Ele não afeta a silhueta do objeto.

Em outras palavras, ao mapear uma textura para o atributo Bump do material de um objeto, você cria um mapa de colisão que permite adicionar a ilusão de detalhes de colisão superficial a uma superfície.

5.4.5.6 DISPLACEMENT MAPS

Os mapas de deslocamento permitem adicionar uma dimensão verdadeira a uma superfície no tempo de renderização, um processo que pode reduzir ou eliminar a necessidade de criar modelos complexos.

5.4.5.7 NORMAL MAP

Trata-se de uma variante da técnica conhecida como *bump mapping*. É utilizada para simular o relevo em uma superfície, calculando o ângulo das sombras numa textura e, consequentemente, propiciando a impressão de maior profundidade. É usada para dar maior nível de detalhamento sem a necessidade de usar mais polígonos. O *Bump Mapping* trabalha com escala de cinza, ao passo que o *Normal Mapping* trabalha com o sistema RGB. Em ambos os casos, a silhueta fica inalterada. É diferente da aplicação de um *displacement map*, que altera a geometria, ou seja, a silhueta do personagem.

Veja a seguir um exemplo de mapas e suas aplicações.

Figura 5.26 – Exemplo de aplicação dos mapas.

5.4.6 EXPORTANDO *NORMAL MAPPING* DO MUDBOX PARA MAYA

A ideia principal é trabalhar com uma malha com poucos polígonos (*low poly*), mas com o mesmo detalhamento de uma malha com muitos polígonos (*high poly*). Efetue o procedimento-padrão para gerar o *Normal Mapping*.

1. No Mudbox, clique com o botão direito do mouse sobre o personagem e aponte para Select Model.

2. Clique em UVs & Maps → Extract Texture Maps → New Operation.

3. Clique em Normal Map.

4. Em Name, digite o nome da operação. Para essa atividade, utilize o nome NORMAL MAPPING PERSONAGEM.

5. Em Extraction Options, na área Target Models, clique no botão Add Selected para selecionar a malha mais baixa.

6. Ative a caixa Smooth Target Models para suavizar a malha do modelo com poucos polígonos.

7. Ative a caixa Smooth Target UVs para suavizar o mapa de Uvs.

8. Em Source Models, clique no botão Add Selected para adicionar a geometria mais alta.

9. Ative a caixa Smooth Source Models para suavizar a malha do modelo com muitos polígonos.

10. Em Image Size, mude o tamanho do mapa para 2048 → 2048.

11. Em Antialiasing, deixe em 2x para suavizar o contraste.

12. Em Normal Map Output, deixe a compatibilidade em Maya/Softimage.

13. Em Output options, deixe o Map Type em Texture para ele gerar mapas de texturas.

Capítulo 5 – Textura, Mapas e Materiais

14. Em Base File Name, clique no botão com os três pontinhos (as reticências) e localize a pasta Sourceimages do projeto criado pelo Maya. Digite o nome do mapa e clique em Salvar (sugestão para o nome: NM_MARRENTIM).

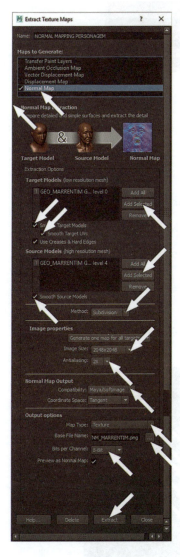

15. Clique em Extract.

16. Quando finalizar o processo, aparecerá uma mensagem de Finished. Clique em OK.

17. Clique em Close, na janela Map extraction results.

18. Como foi gerado um novo mapa, observe que, por não ser um mapa de diffuse, ele ficou separado, na área Normal Map.

19. Pressione a tecla Page Down até chegar ao nível 0 e observe que a geometria ainda está com detalhes da geometria em alta.

20. Repita o processo de extração de mapas para os shorts.

21. Observe os mapas criados na pasta Sourceimages do projeto criado pelo Maya.

22. Agora que você criou um *normal map* para o corpo e um para os shorts, exporte a geometria com os mapas para Maya, mas, antes, retire toda a seleção, aplicando o comando Ctrl D ou clicando em Edit Deselect All.

23. Ainda no Mudbox, clique em File → Send to Maya → Send Selected as New Scene, para enviar o arquivo ao Maya em uma nova cena.

24. Como você tirou a seleção anteriormente, vai aparecer a informação "Nothing is selected. The entire scene will be sent", ou seja, como não há nada selecionado, o Mudbox enviará a cena completa para o Maya.

25. Antes de enviar para o Maya, o Mudbox perguntará se você deseja enviar na malha mais básica ou na malha atual. Clique em Send base meshes instead para enviar na malha mais básica.

26. Na Janela Set Texture Paths, mude a Path Template para o soucerimage do seu projeto criado pelo Maya.

27. Renomeie os mapas, conforme lista a seguir:
    - Em Diffuse do MT_LUVA, mude para MP_DIFFUSE_LUVA.
    - Em Diffuse do MT_SHOTS, mude para MP_DIFFUSE_SHORTS.
    - Em Normal Map do MT_SHORTS, mude para MP_NM_SHORTS.
    - Em Diffuse do MT_CORPO, mude para MP_DIFFUSE_CORPO.
    - Em Normal Map do MT_CORPO, mude para MP_NM_CORPO.
    - Em Diffuse do MT_OLHO, mude para MP_DIFFUSE_OLHO.

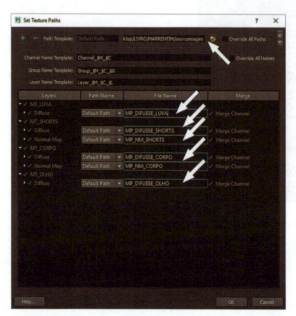

28. Clique em OK.
29. Dessa maneira, você criou os mapas de *Normal Map*.

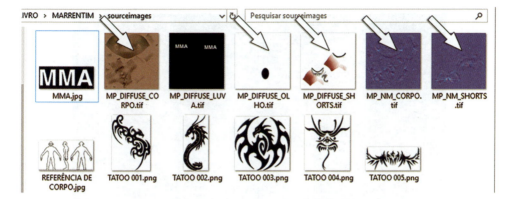

30. Se o Maya estiver aberto, o software perguntará se você deseja salvar o arquivo atual. Se não for o caso, clique no botão Don't Save.
31. Pressione a tecla F (visualização do objeto selecionado) ou A (visualização de toda a cena).
32. Observe que está sem as texturas. Pressione a tecla 6 para carregá-las.

Lembre-se de que, no Maya, as teclas têm a seguinte função:

- 1: Modo facetado;
- 2: Cage + Smooth Mesh;
- 3: Smooth Mesh;
- 4: Wireframe;
- 5: Shader;
- 6: Textura;
- 7: Luz.

OBSERVAÇÃO Quando você enviar a geometria para o Maya, seguem também os mapas, com a possibilidade de gerar duplicidade de arquivos (no caso, os mapas).

33. Primeiramente, ajuste no Maya com o material aplicado pelo Mudbox. Pressione a tecla Q para ativar a ferramenta Select e selecione o personagem.
34. Clique no botão de Attribute Editor e navegue pelas setas das abas até a última aba, pois essa é sempre do material.

35. Na área Common Material Attributes, clique no node ▭ do *Bump Mapping*, como mostrado na imagem a seguir, com orientação de ordem para cliques.

36. Na área File Attributes, mude o Color Space para Raw e observe que o sombreamento do personagem mudou, como mostrado na imagem a seguir.

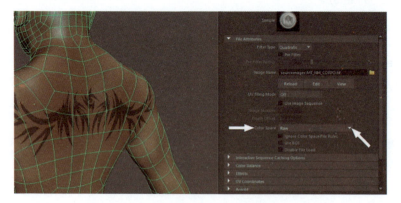

37. Repita o procedimento para o *Normal Map* dos shorts.
38. Salve sua cena.

PESQUISA

Saiba mais sobre *shader*, acessando o *site a seguir*.

AIShaders – Referência de material

Disponível em: <http://www.anderslanglands.com/alshaders/index.html>.

Saiba mais sobre textura, acessando os *sites a seguir*.

CGTextures.com – Biblioteca de texturas

Disponível em: <https://www.textures.com/>.

Biblioteca de Texturas

Disponível em: <http://www.3dxo.com/textures>.

Saiba mais sobre *shader* com SSS, acessando os *sites a seguir*.

Subsurface SSS -– SOLIDANGLE

Disponível em: <https://support.solidangle.com/display/A5AFMUG/Subsurface>.

Translucency and Subsurface Scattering

Disponível em: <https://renderman.pixar.com/resources/RenderMan_20/subsurface.html>.

Acessos em: 16 nov. 2017.

CONCLUSÃO

Neste capítulo, você aprendeu a abrir a malha do personagem, trabalhar com camadas de pintura, gerar mapas e exportar do Mudbox o personagem com poucos polígonos, com mapas de deformação e textura para o Autodesk Maya.

EXERCÍCIOS

Nos exercícios a seguir, assinale a alternativa correta.

1. Com que o *Normal Map* trabalha?

   a. Cores RGB.

   b. Cores CMYB.

   c. Escala de cinza.

   d. Nenhuma das alternativas anteriores.

2. O que o *Diffuse* representa?

   a. O brilho do *shader*, em um ambiente sem fatores externos.

   b. A cor do *shader*, a cor pura em um ambiente sem fatores externos.

   c. A rugosidade do *shader*, conforme o mapa aplicado.

   d. A transparência do shader.

3. O que o *Specular* representa?

   a. A transparência do *shader*.

   b. A cor do *shader*, a cor pura em um ambiente sem fatores externos.

   c. A rugosidade do *Shader*, conforme o mapa aplicado.

   d. O brilho do material.

4. O que é *Shader*?

   a. É um recurso de modelagem poligonal.

   b. É uma ação de exportação do software.

   c. É o que define a superfície de um objeto.

   d. É a textura de um polígono.

5. Qua a finalidade da abertura de malha?

   a. Auxiliar na texturização de um elemento tridimensional.

   b. Animar o personagem.

   c. Auxiliar na modelagem.

   d. Ajudar na aplicação de efeitos especiais em uma cena.

AJUSTES, ESQUELETO E CONFIGURAÇÃO DA PELE

CAPÍTULO 6

Objetivos

Este capítulo tem o objetivo de mostrar como se cria um esqueleto ligado aos polígonos e se gera uma pose final para o personagem.

6.1 AJUSTES DA MALHA

Caso necessite ajustar a malha do personagem, você possui várias opções para essa ação. No Maya, o ajuste pode ser feito pela anatomia do polígono. Você também poderá trabalhar com as ferramentas da Shelf Sculpting, apresentada no capítulo anterior. Como a malha veio do Mudbox, modifica-se a malha no Mudbox, clica-se no botão Update, e é possível ver a alteração no Maya.

A mão do personagem necessita de um pouco mais de anatomia. Utilizando a anatomia do polígono e a Sheft Sculpting, você vai melhorar a anatomia do polígono. Lembre-se de que você conta com uma bela referência nas suas mãos; nesse caso, suas próprias mãos. São ajustes finos, sem grandes alterações, para não ofender os mapas de texturas e o *normal map*. Mas alguns cortes podem ser efetuados, utilizando a ferramenta Mult-cut, cuja tecla de atalho é Ctrl Shift X, mantendo a tecla Ctrl pressionada, quando fizer a inserção de *edge loop*.

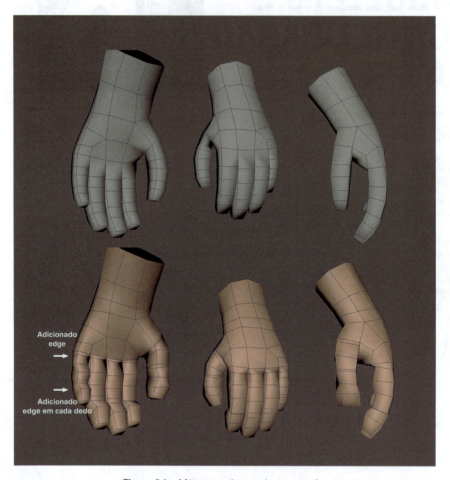

Figura 6.1 – Mão com ajustes de geometria.

É importante ajustar as luvas para caber na geometria. Teste ambos em modo de visualização Smooth (tecla 3).

6.2 RIGGING

Quando um modelador termina a construção de um personagem, ele gera uma estrutura poligonal como a de uma estátua. A criação do esqueleto é fundamental para gerar poses e animações no mundo 3D. Mas, antes que um modelo de personagem

Capítulo 6 – Ajustes, Esqueleto e Configuração da Pele

3D possa ser entregue à equipe de animadores, ele deve estar vinculado a um sistema de articulações e alças de controle para que esses profissionais possam representar o modelo. Esse processo geralmente é completado por artistas conhecidos como diretores técnicos de personagens (TDs) ou *riggers*. Os TDs de caráter trabalham em estreita colaboração com os animadores para garantir que todos os problemas técnicos específicos sejam contabilizados, contudo seu principal dever é tornar uma malha 3D estática e prepará-la para a animação.

Nessa etapa, você vai aprender como criar um esqueleto, fazendo uso de um recurso mais automatizado, chamado HumanIK. O HumanIK possui um esqueleto predefinido, o que facilita muito a criação para esqueletos humanos. Quando houver a necessidade de trabalhar com um esqueleto, você poderá recorrer à criação de ossos (*joints*), com outro fluxo de trabalho, que não será abordado neste livro.

6.2.1 HUMANIK

Pode-se criar o esqueleto de um bípede, empregando o recurso HumanIK. Nessa etapa, será abordada somente uma criação de esqueleto completo como uma pequena edição. Esse procedimento poderá substituir o processo manual apenas em alguns casos.

1. Pressione a tecla Q para ativar Select.
2. No menu set Rigging, clique em Skeleton/HumanIK.
3. Na seção Create, clique no botão Create Skeleton.

4. Pressione a tecla para visualizar toda a cena. Seu novo esqueleto ficará bem menor em relação à modelagem, como mostrado na imagem a seguir.

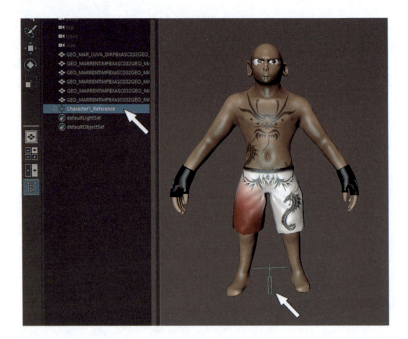

5. Não será necessário alterar as configurações para essa atividade, mas, em outra situação, se você quiser alterar as configurações do HumanIk, utilize os controladores descritos a seguir.

As configurações para customização são:

- **Character Scale:** tamanho do esqueleto.
- **Spine Count:** quantidade de *joints* da coluna.
- **Neck Count:** quantidade de *joints* para o pescoço.
- **Shoulder Count:** quantidade de joints para o ombro.
- **Fingers:** controles para os dedos.
- **Toes:** dedos do pé.

Você poderá alterar a quantidade de *joints* em alguns elementos e também desativar *joints* do esqueleto. Assim que terminar a edição, clique no cadeado para finalizar.

6. Pressione a tecla 5 para ter a visualização sem textura.
7. Ligue o botão xRay Joints, da sua *viewport*, como mostrado na imagem a seguir.

8. No *outliner*, selecione Character1_Reference.
9. Ative a ferramenta Scale, pressionando a tecla R.
10. Ajuste o tamanho do esqueleto ao tamanho da geometria, como mostrado na imagem a seguir.

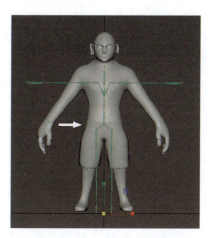

11. Clique duas vezes sobre o botão Move Tool para acessar suas propriedades e, na área Move Settings, configure a orientação Axis Orientation para World. Dessa maneira, quando mover um osso (*joint*), ele seguirá o sentido da sua rotação.

ATENÇÃO Utilize *move tool* (w) somente para aumentar o tamanho do *joint* e sempre no sentido de seu comprimento. Use *rotation tool* (e) para ajustar os ossos (*joints*) à malha. Se você utilizar o *move tool* para angulações, vai perder a orientação do *joint*, como mostrado na imagem a seguir.

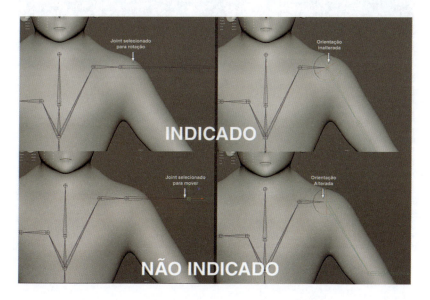

Esse procedimento é aplicado, mas, se você mantiver apenas os *joints*, e se utilizar os controladores do HumanIk, essa orientação será substituída e corrigida.

12. O Maya e o Mudbox podem trabalhar com mais de um software aberto simultaneamente, ou seja, é possível manter um Maya aberto com o seu projeto e outro aberto com uma referência. Então, abra o arquivo do livro cap 06 conferencia joints.mb para ter um entendimento melhor de todas as posições dos *joints*.

13. Ajuste a escala dos *joints* e suas rotações, conforme o arquivo de referência; faça isso, porém, apenas no lado esquerdo do personagem. Lembre-se de que, para o Maya, *joint* é o osso.

14. Selecione o centro do esqueleto e clique no botão Mirror Right → Left, como mostrado na imagem a seguir.

15. Clique no cadeado ao lado do último botão utilizado, como mostrado na imagem a seguir.

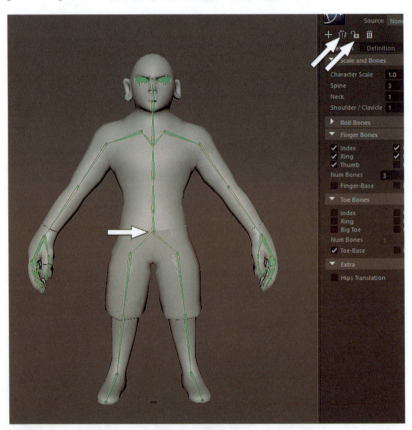

16. Seu esqueleto deverá ficar próximo do exibido na imagem a seguir.

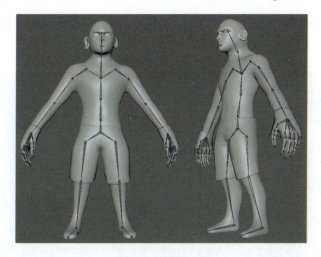

17. Salve sua cena.

6.2.2 IK/FK

Essa alternativa é mencionada somente para seu conhecimento, pois o HumanIK já apresenta essa configuração-padrão e poderá trabalhar com IK e FK de maneira natural e fluida.

6.2.2.1 IK – INVERSE KINEMATICS

O IK refere-se a um processo utilizado na animação gráfica em computador 3D. Nesse processo, os parâmetros de cada articulação, em um objeto articulado (uma cadeia cinemática), serão automaticamente calculados para alcançar uma pose desejada, sobretudo quando o ponto-final se move, ou seja, você move o braço pelo controlador do punho, e os ossos do braço serão movidos inversamente.

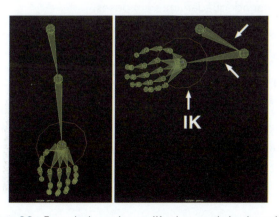

Figura 6.2 – Exemplo de movimento IK pelo controlador do punho.

6.2.2.2 FK – FORWARD KINEMATICS

Já esse recurso é a seleção direta dos *joints*, gerando o movimento dentro de seu próprio eixo de orientação.

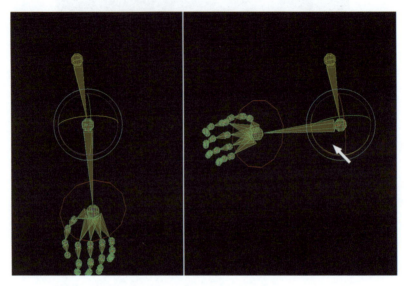

Figura 6.3 – Exemplo de movimento FK controlado pela seleção direta.

6.3 *SKIN* E CONFIGURAÇÃO DOS OLHOS

6.3.1 LIGANDO O ESQUELETO À TOPOLOGIA (*SKINNING*)

Skinning é o processo de ligação da malha tridimensional ao esqueleto que você criou. Isso significa que as juntas configuradas por você terão influência sobre os vértices do seu modelo. *Skinning* é vital para um modelo mover-se com precisão, mas também para deformar adequadamente em poses.

Depois de inserir o esqueleto ao personagem, é necessário ligar a topologia à sua pele. Para efetuar o *Skin*, siga os passos indicados na sequência.

1. Pressione a tecla Q para ativar a ferramenta Select.
2. Selecione a geometria do personagem, pressione a tecla Shift, mantenha-a pressionada e selecione os shorts, as luvas e o *joint* do centro gravitacional do personagem, como mostrado na imagem a seguir.

Capítulo 6 – Ajustes, Esqueleto e Configuração da Pele 219

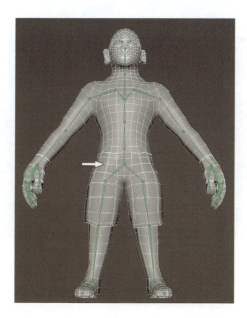

3. Antes de aplicar o *Skin*, certifique-se de que o esqueleto possui uma configuração de ângulo-padrão, clicando com o botão direito do mouse e apontando para Assume Preferred Angle.

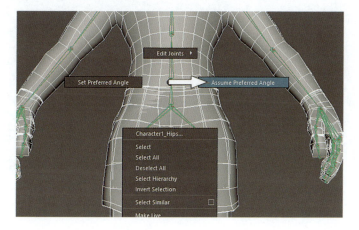

4. Com o menu set Rigging ativado, abra o menu *Skin* e clique em Bind Skin → Smooth Bind – Options box.

5. Na janela Smooth Bind Options, clique em Edit/Reset Settings.

6. Altere a Max influence (influência máxima) para 3.

7. Clique no botão Bind Skin, como mostrado na imagem a seguir.

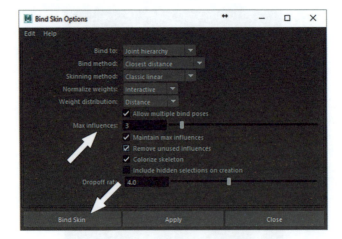

A partir de agora, a geometria do personagem está conectada ao esqueleto.

8. Pressione a tecla E para ativar a ferramenta Rotate.
9. Rotacione, como mostrado a seguir.

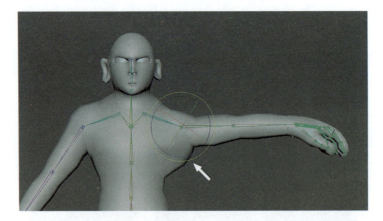

10. Observe que existem problemas na geometria, que necessita de ajustes.
11. Após efetuar os testes em outros *joints*, ajuste todos para a posição-padrão, clicando sobre eles com o botão direito do mouse e soltando em Assume Preferred Angle.
12. Crie uma nova versão do seu arquivo, pressionando as teclas Ctrl Alt S.
13. Você pode seguir dois caminhos: ajustar os *joints* na pose necessária, limpar o histórico por meio de Edit → Delete all by type → History e ajustar a geometria com as ferramentas da *shelf* Sculpting, ou ajustar a influência da distorção. De acordo com este livro, siga a segunda opção.

6.3.2 CRIANDO A INFLUÊNCIA DE DISTORÇÕES

Paint Skin Weights é uma ferramenta de pintura direta na topologia, que contém informações sobre quando cada osso (*joint*) deverá influenciar uma região da topologia.

1. Pressione a tecla Q para ativar a ferramenta Select.

2. Selecione a geometria do corpo e o *joint* central, também conhecido como COG (Center of Gravity).

3. Com o menu set Rigging ativado, clique em *Skin* → Paint Skin Weights → Options Box, como mostrado a seguir.

4. Será exibido o painel de recursos do Paint Skin Weights tool, como mostrado na imagem a seguir.

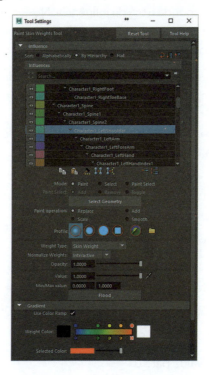

Na área de Influence, estão todos os *joints* que influenciam a topologia. Você pode selecionar o *joint* pela *viewport*, clicando com o botão direito do mouse sobre o *joint* e apontando para Select Influence.

Outra opção é, diretamente no painel Paint Skin Weights, na área Influences, clicar sobre qualquer *joint* e navegar entre eles, utilizando as teclas seta para cima ou seta para baixo.

Entenda algumas configurações desse painel:

6.3.2.1 ÁREA INFLUENCES

- **Profile:** é igual às outras ferramentas de pintura do Maya. Nesse item, estão os *brushs* que você poderá utilizar para pintar a influência.

- **Value:** valor de influência, em que 1 representa 100% de influência de um *joint* para a topologia, e 0 corresponde a 0% de influência. No caso do pescoço, por exemplo, será utilizado 0.2 na base, causando uma distorção coerente, com um pouco de influência do *joint* da cabeça e um pouco de influência do *joint* do pescoço.

- **Botão Flood:** com esse botão, é possível pintar toda a topologia de maneira uniforme. Por exemplo, o *joint* do braço influencia o rosto, que não deveria estar com essa influência; assim, você vai selecionar o *joint* do braço, informar a influência para o rosto (Value 0) e pressionar o botão Flood a fim de eliminar qualquer influência.

6.3.2.2 ÁREA GRADIENT

- **Use Color Ramp:** na área Gradient, ative a visualização mais detalhada de influência, em que vermelho e branco indicam o máximo e azul ou preto, nenhuma influência.

  1. Com a ferramenta Paint Skin Weights ativa, clique com o botão direito do mouse sobre braço_ esq_01 e aponte para Select Influence.
  2. Em Paint Operation, clique em Replace.
  3. Altere o valor do Value para 0.

4. Ligue o Use Color Ramp da área Gradient, como mostrado na imagem a seguir.

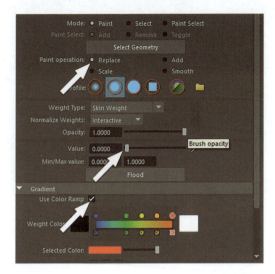

5. Aumente um pouco o tamanho do *brush*, pressionando e segurando a tecla B. Depois, clique e arraste sobre a geometria e leve para a esquerda ou para a direita, de modo a ajustar o tamanho necessário.

6. Pressione a tecla Q.

7. Selecione o *joint* do braço esquerdo.

8. Pressione a tecla E para ativar a rotação.

9. Deixe o braço paralelo ao chão, como mostrado na imagem a seguir.

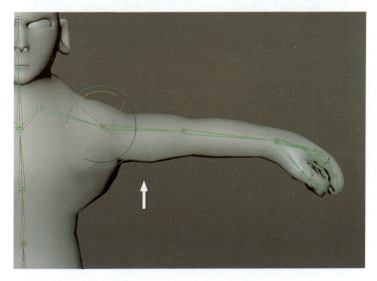

10. Clique com o botão direito e aponte para Paint Skin Weights Tool.

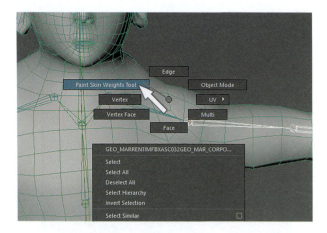

DICA Se Paint Skin Weights Tool for a última ferramenta, pressione a tecla Y para reativá-la.

11. Ajuste o Value para 0.3000, assim a influência do *joint* sobre a malha ficará em 30%.
12. Pressione 3 para que a geometria do personagem fique em modo Smooth.
13. Pinte um pouco na região inferior da geometria dos Joints Character1_Left-Shoulder e do joint Character1_LeftArm, como mostrado na imagem a seguir.

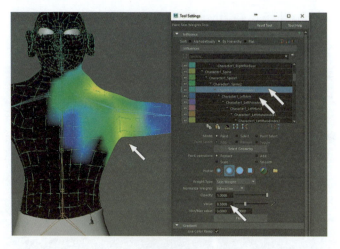

DICA Utilize a tecla Ctrl para inverter o Value e a tecla Shift para suavizar a influência. Ao ajustar os *joints* em outra posição para a pintura do *Skin*, pressione a tecla Y para reativar a última ferramenta ativa; nesse caso, a Paint Skin Weights.

14. Faça os ajustes até a malha ficar com um comportamento mais natural.
15. Ajuste toda a topologia do personagem.
16. Faça várias poses para testar a topologia.
17. Ajuste apenas o lado esquerdo do personagem.
18. Aplique o *mirror* (espelhamento) da influência da malha, com o menu set Rigging ativo. Clique em Mirror Skin Weights → Mirror Skin Weights Options.
19. Clique em Edit → Reset Settings.
20. Clique em Apply.
21. Clique novamente para aumentar o espelhamento.
22. Teste em várias poses diferentes, mas sempre respeite a anatomia do corpo; por exemplo, o ombro deixa o braço paralelo ao chão; para se levantar mais o braço, é a clavícula que deve se mover. Faça o teste com o seu corpo.
23. Pressione a tecla 6 para visualizar a textura.
24. Salve sua cena em uma nova versão, pressionando Ctrl Alt S.
25. Clique no botão HumanIk e mude o Source para Control Rig, como mostrado na imagem a seguir.

Agora você tem controladores para o corpo, os quais podem ser acessados pelas curvas na *viewport* ou diretamente nas bolinhas da representação do corpo humano no painel do HumanIK. Utilize as ferramentas Move ou Rotação para ajustar as poses.

DICA Os controladores da mão estão pequenos, mas você pode aumentá-los. Selecione-os; ative o painel Attribute Editor, tecla de atalho CTRL A, na área HIK Effector Attributes; aumente o seu tamanho em Scale Offset, para 2, 2, 2 e altere a rotação para Rotate Offset 0,0,45, para a mão esquerda do personagem. Já na mão direita do personagem, poderá fazer a mesma alteração, porém a rotação ficará em 0,0,-45.

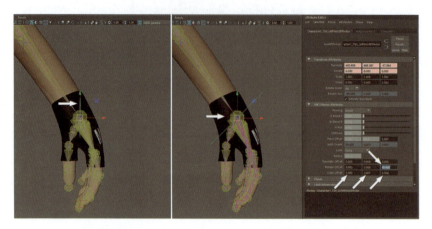

Figura 6.4 – Exemplo de ajuste de um controlador.

Outra dica diz respeito à rotação dos *joints*. Se você fizer uma seleção direta no *joint*, conhecido como recurso FK, a orientação pode estar configurada para o mundo. Então, clique duas vezes sobre a ferramenta Rotação ou no botão Tool Settings e, na área Rotate Settings, altere o Axis Orientation para Object, como mostrado na figura a seguir.

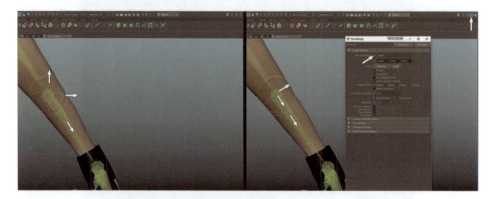

Figura 6.5 – Correção da orientação da ferramenta Rotate.

Para acessar as mãos, clique nas setas ao lado delas. Desse modo, é possível o acesso aos dedos.

26. Teste várias poses com o novo recurso.

27. Para voltar à posição inicial, clique no botão Stance pose, como mostrado na imagem a seguir.

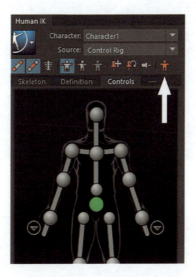

28. Salve sua cena.

6.3.3 CRIANDO CONTROLADOR PARA OS OLHOS

Um problema evidente são olhos que não acompanham a cabeça. A fim de corrigir esse erro, você vai criar controladores para auxiliar nas poses.

1. Mude a visualização para front, clicando em Panels → Orthographic → Front.

2. Crie uma curva-círculo, clicando em Create → NURBS Primitives → Circle.

3. Faça uma curva ao lado da cabeça, como mostrado na imagem a seguir.

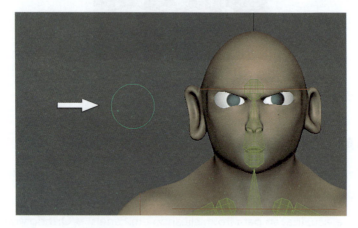

4. Duplique a curva, pressionando as teclas Ctrl D.

5. Posicione a nova curva, duplicada, ao lado da curva original, como mostrado na imagem a seguir.

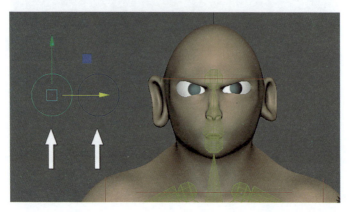

6. Duplique novamente.
7. Posicione a nova curva duplicada, ao centro.
8. Aumente o tamanho da curva, como mostrado na imagem a seguir.

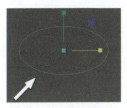

9. Pressione a tecla Q e selecione as duas curvas centrais.
10. Pressione a tecla Shift e selecione a curva externa por último.
11. Pressione a tecla P. Dessa maneira, cria-se uma hierarquia e, como se trata da maior curva e a última a ser selecionada, ela comanda as demais. No *outliner*, sua hierarquia ficará como na imagem a seguir.

12. No *outliner*, renomeie as curvas para Contr_olho_esq, Contr_olho_dir e Contr_olho_geral, clicando duas vezes sobre cada curva, como mostrado na imagem a seguir.

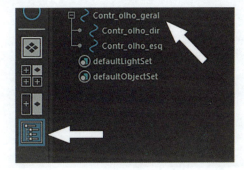

13. Mude para a *viewport* Persp.
14. Posicione a curva Control_olho_geral em frente ao rosto do personagem.
15. Zere os controladores das curvas. Controladores são os valores de translate, rotate e scale. Para isso, selecione cada curva e clique em Modify → Freeze Transformations.

16. Selecione outra curva e pressione a tecla G para repetir o último comando.

17. Repita o procedimento para a última curva.

18. Com o menu set Rigging selecionado, pressione a tecla Q para acionar a ferramenta Select.

19. Selecione o círculo interno (Contr_olho_esq), que representa o olho esquerdo e, com o Shift pressionado, selecione o olho esquerdo.

ATENÇÃO Siga a ordem de seleção descrita, pois o Maya entende a sequência de seleção; ou seja, se você mudar essa ordem, mudará também o comando.

20. Clique em Aim → Aim Constraint Options.

21. Em Offset, altere para 90.000 o segundo campo, que corresponde ao eixo Y.

22. Clique em Add.

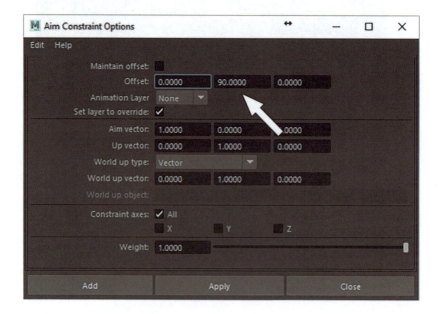

DICA Se preferir, ajuste as configurações desse comando. O Maya registra *nodes*, que criam abas de configurações. Selecione a curva e acesse as informações pelo Attribute Editor (tecla de atalho Ctrl A).

Capítulo 6 – Ajustes, Esqueleto e Configuração da Pele 231

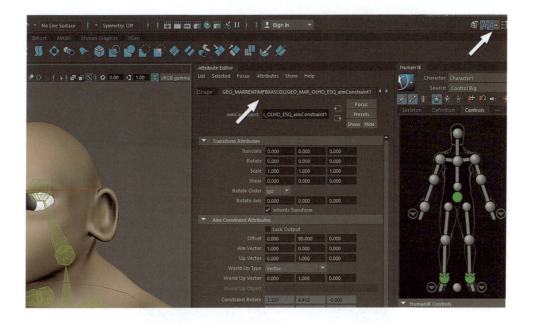

23. Repita o procedimento com o outro olho.

24. Ajuste os olhos, segundo a necessidade. No caso, o olho direito ficou com 80 graus e não com 90, como foi configurado. É o que se vê na imagem a seguir.

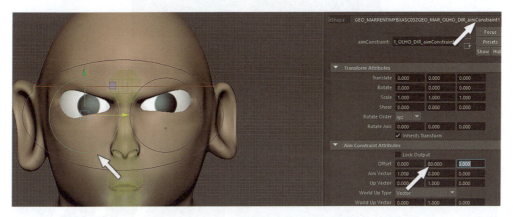

25. Desligue a visualização dos *joints* por meio da malha. Para isso, clique no botão xRay joints, como mostrado na imagem a seguir.

26. Teste o controlador, selecionando a curva principal Control_olho_geral.
27. Com a ferramenta Move (tecla de atalho Q), mova o conjunto pelos eixos **x** e/ou **y**, como mostrado na imagem a seguir.

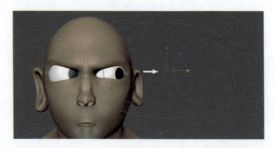

28. No controle geral, você controla os olhos. Se selecionar individualmente, controlará apenas um olho por vez, como mostrado na imagem a seguir.

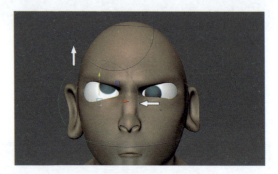

29. Para deixar a curva no local de origem, utilize os transformadores, no Attribute Editor ou no Channel Box, alterando Translate, Rotate e Scale para 0, como mostrado na imagem a seguir.

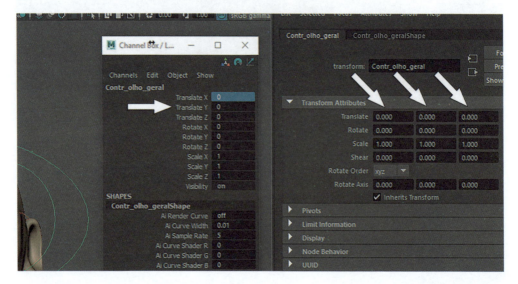

Capítulo 6 – Ajustes, Esqueleto e Configuração da Pele

30. Para que os olhos sigam a cabeça, selecione-os.

31. Ligue a visualização do *joint* por meio da geometria, clicando em xRay joint.

32. Com a tecla Shift pressionada, selecione a curva principal e o *joint* da cabeça Character1_Ctrl_Neck, como mostrado na imagem a seguir.

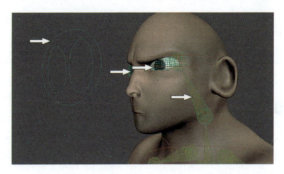

ATENÇÃO   Cada curva vermelha é um controlador em que você pode mover ou rotacionar. O HumanIK também aceita seleções diretas nos ossos amarelos.

33. Teste várias poses.

Figura 6.6 – Teste de pose.

6.4 BLEND SHAPE

O Blend Shape fornece ferramentas diferentes para realizar tarefas de deformação, que permitem alterar a forma de um objeto, segundo formas específicas, como criar uma animação facial em um personagem. Você também pode usar o Blend Shape para corrigir deformações da pele no corpo de um personagem, quando ajustado em algumas poses, por exemplo.

Isso permite adicionar formas corretivas ou de aprimoramento para seu personagem.

6.4.1 SHAPE EDITOR

O Shape Editor é sua principal ferramenta para criar, editar e gerenciar formas que simulam expressões. Você pode usá-lo para criar interpoladores de pose e formas de mistura e depois controlá-los.

1. Clique no botão HumanIk.
2. Clique no botão de seleção completa do personagem, como mostrado na figura a seguir.

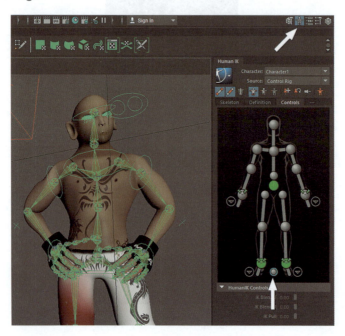

3. Clique no botão de pose Stance pose, como mostrado na figura a seguir.

4. Selecione a curva externa principal.

5. Altere os valores do Translate X, Y e Z para 0, como mostrado na figura a seguir.

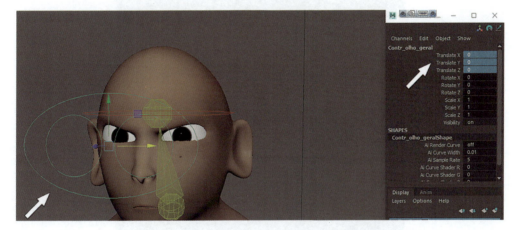

6. Desligue a visualização dos *joints*, clicando no botão xRay joints.

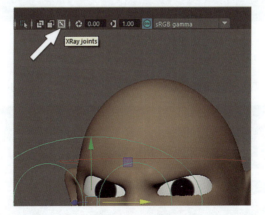

7. Pressione a tecla Q.

8. Clique sobre a geometria do personagem.

9. Abra o Shape Editor, clicando em Windows → Animation Editors → Shape Editor.

10. Clique no botão Create Blend Shape.

11. Agora, você vai criar uma seção para gerar a deformação/expressão. Clique no botão Add Target, como mostrado na figura a seguir.

12. Clique na *shelf* Sculpting.
13. Ative a ferramenta Grab, como mostrado na figura a seguir.

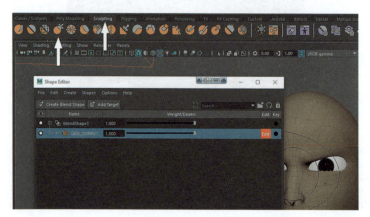

OBSERVAÇÃO As ferramentas da *shelf* Sculpting são iguais às do Mudbox. Utilize a tecla B para aumentar e/ou diminuir o tamanho da ferramenta e a tecla M para aumentar e/ou diminuir a força dessa ferramenta. Com o botão Tool Settings, como mostrado na figura a seguir, ajuste outras propriedades da ferramenta.

Figura 6.7 – Janela Tool Setting.

14. Crie uma expressão de sua preferência, como um sorriso, mas apenas para o lado direito.
15. Clique no botão vermelho Edit para finalizar a edição da expressão.
16. Clique duas vezes sobre o nome do *target* e mude para Sorriso_Esq.
17. Teste o controle do Shape Editor, clicando e arrastando até o valor 0, como mostrado na figura a seguir.

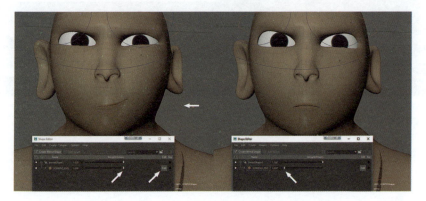

18. Para outro *target*, clique em BlendShape1.

19. Clique no botão Add Target.

20. Gere uma deformação de sorriso para o outro lado do personagem, seguindo os mesmos passos da deformação anterior.

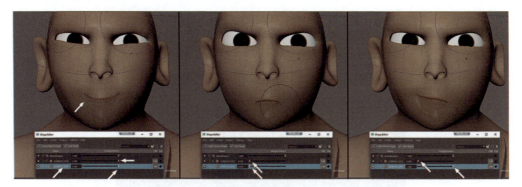

21. Continue criando várias expressões, conforme a sua preferência.

OBSERVAÇÃO   Esse recurso é utilizado nas animações.

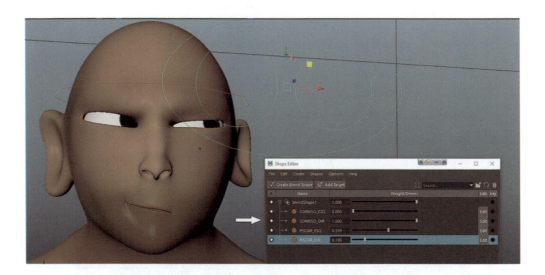

PESQUISA

Saiba mais sobre *joint* e *skin*, acessando o *site* a seguir.

How to rig in Maya: joints & skinning

Disponível em: <https://www.methodj.com/how-to-rig-in-maya-joints-skinning/>.

Saiba mais sobre *Skin*, acessando o *site* a seguir.

CGMeetup – Smooth Binding Skin to Joints In Maya 2015

Disponível em: <http://www.cgmeetup.net/home/smooth-binding-skin-to-joints-in--maya-2015/>.

Acessos em: 16 nov. 2017.

CONCLUSÃO

Neste capítulo, você criou um esqueleto, usando HumanIK, ligou os polígonos, em um processo chamado *skin*, gerou controladores e ajustou o personagem a uma pose.

EXERCÍCIOS

Nos exercícios a seguir, assinale a alternativa correta.

1. Qual das alternativas faz parte de um processo de *rigging*?

   a. Pintura poligonal.

   b. Criação de esqueleto.

   c. Ligação da topologia ao esqueleto.

   d. Animação.

2. Qual das alternativas faz parte de um processo de *skinning*?

   a. Ligação da topologia ao esqueleto.

   b. Animação.

   c. Pintura poligonal.

   d. Criação de esqueleto.

3. Para que o HumanIk é utilizado?

   a. Animar um esqueleto humano.

   b. Gerar textura para um humano.

   c. Criar um esqueleto humano.

   d. Fazer modelagem poligonal.

4. Qual *constrain* deve ser utilizado para que os olhos girem em direção às curvas?

   a. Aim.

   b. Orient.

   c. Scale.

   d. Pole Vector.

5. Qual tecla de atalho deve ser utilizada para criar uma hierarquia de parente no Maya?

   a. F.

   b. G.

   c. A.

   d. P.

IMAGEM FINAL

CAPÍTULO 7

Objetivos

Este capítulo tem o objetivo de definir a imagem final do seu personagem, com a aplicação de luz e câmera. Apresentam-se alguns planos cinematográficos e configura-se o render essencial para finalizar sua imagem.

7.1 LUZ

Em relação à luz, a modelagem 3D não é diferente de fotografar ou gravar um ambiente. Assim como é importante uma boa modelagem, a iluminação de uma cena e o posicionamento da câmera são fatores essenciais, que fazem uma simples maquete eletrônica tornar-se uma cena que traz emoção e desperta sentimentos ou deixa um personagem imponente, minimizado, sinistro ou heroico, entre outras possibilidades.

Para personagens, é muito comum utilizar iluminação de três pontos; ou seja, uma luz-chave (*key light*), uma luz de preenchimento (*fill light*) e uma luz de recorte (*back light*).

Um dos conceitos fundamentais na teoria da cor é que ela não pode existir sem luz, nem a luz pode existir sem cor. Nessa etapa, você vai conhecer os tipos mais comuns de luz do Autodesk Maya.

7.1.1 TIPOS MAIS COMUNS DE LUZ NO AUTODESK MAYA

Os tipos mais comuns de luz são Ambient Light, Directional Light, Point Light, Spot Light, Area Light e Volume Light.

Figura 7.1 – Caminho para criar luz no Maya.

7.1.1.1 AMBIENT LIGHT

Luz difusa usada em conjunto com a Directional Light ou a Spot Light para quebrar as áreas de sombra que uma cena possa apresentar e cujas áreas de sombra seriam totalmente negras somente com essas luzes. Isso, porém, não é fato na vida real em virtude da radiação da luz sobre as superfícies.

Uma luz-ambiente brilha de duas maneiras: uma parte da luz brilha uniformemente em todas as direções a partir da localização da luz (semelhante a uma luz pontual), e alguma luz brilha uniformemente em todas as direções (como se fosse emitida pela superfície interna de uma esfera infinitamente grande).

Use uma luz-ambiente para simular uma combinação de luz direta (por exemplo, uma lâmpada) e indireta (luz da lâmpada refletida nas paredes de uma sala).

ATENÇÃO Essa luz deve ser utilizada para o renderizador Maya Software, já no renderizador Arnold utilize AI Skydome Light.

7.1.1.2 DIRECTIONAL LIGHT

Luz tipicamente usada para imitar a luz emitida pelo Sol, que, ao tocar a superfície da Terra, dá a sensação de ser uma fonte de luz paralela. Geralmente, obtém-se um bom resultado, ao se utilizar essa fonte de luz, em conjunto com a Ambient Light.

Figura 7.2 – Pela esquerda *Render*, pela direita *Viewport*.
Render com uma Directional Light com intensity 3.

7.1.1.3 POINT LIGHT

Luz muito usada para simular ambientes internos iluminados por um ponto incandescente, pois irradia luz em todas as direções. Serve também para simular a luz emitida pelas estrelas.

Figura 7.3 – Pela esquerda *Render*, pela direita *Viewport*.
Render com uma Point Light com intensity 3 600.

7.1.1.4 SPOT LIGHT

Uma luz *spot* irradia um feixe de luz uniformemente dentro de uma estreita faixa de direção que é definida por um cone. A rotação da luz do ponto determina para onde o feixe é direcionado. A largura do cone determina quão estreito ou amplo é o feixe de luz. Você pode ajustar a suavidade da luz para criar ou eliminar o círculo áspero da luz projetada e também projetar mapas de imagens a partir das luzes do ponto.

Figura 7.4 – Pela esquerda *Render*, pela direita *Viewport*.
Render com uma Spot Light com intensity 2 000 000.

Use uma luz para criar um feixe de luz que gradualmente se torne mais amplo (por exemplo, uma lanterna ou o farol do carro).

7.1.2 LUZES DO ARNOLD

Você pode usar as luzes nativas do Maya e renderizar com Arnold Render. Já o grupo de luzes do Arnold possui configurações adicionais para serem renderizadas no próprio Arnold.

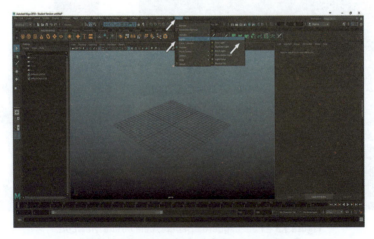

Figura 7.5 – Caminho para luzes do Arnold.

7.1.2.1 AI SKYDOME LIGHT

Simula a luz de um hemisfério ou uma cúpula acima da cena, representando o céu. Também pode ser usado com imagens de alta dinâmica (HDR) para executar iluminação de ambiente baseada em imagem. Esse é o modo normalmente usado para iluminar cenas exteriores.

Figura 7.6 – Pela esquerda *Render*, pela direita *Viewport*. *Render* com AI Skydome Light com intensity 1.

Figura 7.7 – *Render* com AI Skydome Light com ângulo de câmera contra-plongée.

7.1.2.2 AI MESH LIGHT

Em situações em que formas de luz convencionais não são suficientes, as mesh lights são mais adequadas. Podem ser usadas para criar efeitos de iluminação interessantes que não seriam possíveis de outra maneira. Por exemplo, a iluminação de néon ou um efeito de trilha de movimento da luz do carro podem ser alcançados mais facilmente com luzes de malha.

Figura 7.8 – Pela esquerda *Render*, pela direita *Viewport*.
Render com AI Mesh Light, simulando tela de celular, com intensity 1 e exposure 20.

7.1.2.3 AI PHOTOMETRIC LIGHT

As luzes fotométricas usam dados medidos a partir de luzes do mundo real, muitas vezes diretamente dos próprios fabricantes de lâmpadas e gabinetes. Você pode importar perfis IES (Illuminating Engineering Society) de empresas como Erco, Lamp, Osram e Philips; seus arquivos IES fornecem dados de intensidade e propagação precisos para determinado modelo de luz.

A seguir, exemplos dos arquivos IES para as luzes AI Photometric Light.

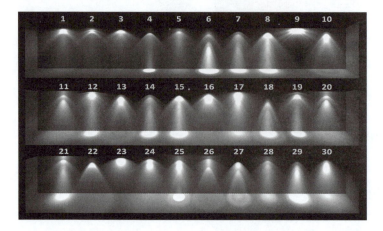

Na pasta de arquivos deste livro, você encontrará o arquivo IES_files.zip.

Figura 7.9 – Pela esquerda *Render*, pela direita *Viewport*.
Render com 10 AI PHOTOMETRIC LIGHT, com intensity 1, exposure 20 e IES número 10.

7.1.2.4 PHYSICAL_SKY

Shader que implementa um céu, com radiação solar direta. Para usá-lo como fonte de luz, anexe-o a um skydome_light com resolução suficiente para capturar o pequeno disco solar.

Figura 7.10 – Pela esquerda *Render*, pela direita *Viewport*.
Render com Physical Sky com intensity 1 e exposure 2.

7.1.2.5 LIGHT PORTAL

As luzes Skydome podem usar portais leves para reduzir o ruído para cenas interiores, em que a luz vem por meio de aberturas relativamente pequenas. Em vez de emitir luz, eles podem ser usados para guiar a amostragem de luz Skydome.

Os portais de luz devem ser colocados para cobrir todas as janelas, portas e outras aberturas através das quais a luz Skydome entra na cena. Mas é necessário colocar uma skydome para o light portal funcionar. E as configurações, como intensidade de luz, devem ser aplicadas no skydome.

Figura 7.11 – Pela esquerda *Render*, pela direita *Viewport*.
Render com Light Portal com Skydome com intensity 1 e exposure 5.

7.1.2.6 AI AREA LIGHT

Existem duas maneiras de usar uma Area Light do Arnold. Você pode adicionar uma area light comum ou uma area light do Arnold que assumirá uma fonte retangular, mas, se precisar de uma forma diferente, pode alterar em Cylinder (cilíndrica) ou em Disk (disco).

Figura 7.12 – Pela esquerda *Render*, pela direita *Viewport*. *Render* com area light, com intensity 1 e exposure 23.

Em comparação com outras fontes de luz, as luzes da área podem demorar mais para renderizar; no entanto, podem produzir luz e sombras de maior qualidade. As luzes de área são particularmente indicadas para imagens fixas de alta qualidade; menos vantajosas, porém, para animações mais longas, em que a velocidade de renderização é crucial.

As areas lights são fisicamente baseadas – não há necessidade de uma opção de decaimento. Os ângulos formados com a luz da área e o ponto que é somado determinam a iluminação. À medida que o ponto se afasta mais da luz da área, o ângulo e a iluminação diminuem, bem como a decadência.

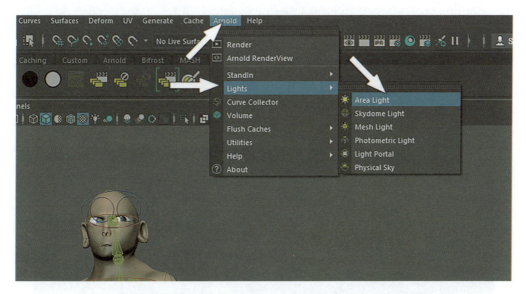

Figura 7.13 – Caminho para criar uma luz pelo Arnold no Maya.

Como citado anteriormente, um atributo importante da Area Light do Arnold é Light Shape. Isso especifica se a luz da área é em forma de cilindro, disco ou *quad* (retangular). Esse é o primeiro atributo que você deve definir – escolha aquele que corresponda à geometria para a qual você está aplicando a luz.

Figura 7.14 – Tela do Autodesk Maya.

7.1.3 ENTENDENDO A ILUMINAÇÃO DE TRÊS PONTOS

A iluminação de três pontos é comum em mídias visuais, teatros, vídeos, filmes e fotografias. Ao usar três posições separadas, o fotógrafo pode iluminar o personagem, como desejado, enquanto controla o sombreamento de preenchimento e sombras produzidos por iluminação direta.

7.1.3.1 LUZ PRINCIPAL (KEY LIGHT)

Como o nome sugere, ilumina diretamente o personagem e serve como seu iluminador principal. Mais do que qualquer outro fator, a força, a cor e o ângulo da luz determinam o design geral da iluminação.

Figura 7.15 – *Render* com luz AI Area Light (Key Light), com intensity 1 e exposure 20.

7.1.3.2 LUZ DE PREENCHIMENTO (FILL LIGHT)

A luz de preenchimento também ilumina o personagem, mas de um ângulo lateral e muitas vezes em posição inferior à luz principal, em geral no nível do rosto do personagem. Ela equilibra a luz principal, iluminando superfícies sombreadas, como a sombra moldada pelo nariz. Costuma ser mais suave do que a luz principal, até a metade da intensidade. Não usar essa luz pode resultar em contrastes rígidos, em razão da sombra, na superfície do personagem.

Figura 7.16 – *Render* com luz AI Area Light (Fill Light). É uma luz mais afastada, com intesity 1 e exposure 20.

7.1.3.3 CONTRALUZ (BACK LIGHT)

Essa luz ajuda no recorte do personagem em relação ao cenário e na iluminação de cabelo e ombro. Fica atrás do personagem.

Figura 7.17 – *Render* com luz AI Area Light (Back Light), com intensity 1 e exposure 22.

A seguir está o *render*.

Figura 7.18 – Iluminação completa com três pontos Key, Fill e Back Light.

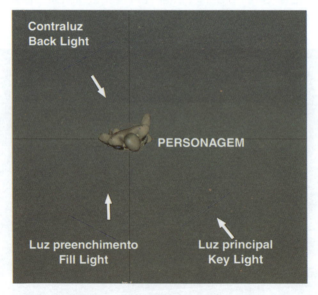

Figura 7.19 – Vista top (superior) do Maya.

7.1.4 GERANDO ILUMINAÇÃO DE TRÊS PONTOS

1. Crie uma luz AI Area Light, clicando em Arnold → Area Light.
2. Ajuste o tamanho da luz, como mostrado na imagem a seguir.

Capítulo 7 – Imagem Final 253

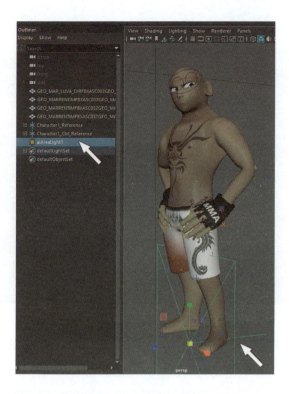

3. No *outliner*, clique duas vezes sobre o nome AiAreaLight1 e mude para KeyLight.
4. Ajuste a posição da luz, como mostrado na imagem a seguir.
5. Ajuste a Exposure para 22.

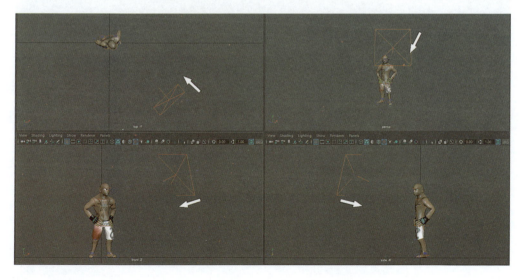

6. Repita o procedimento e crie uma luz com o nome FillLight.
7. Ajuste a Exposure para 20.

8. Ajuste a posição da luz, como mostrado na imagem a seguir.

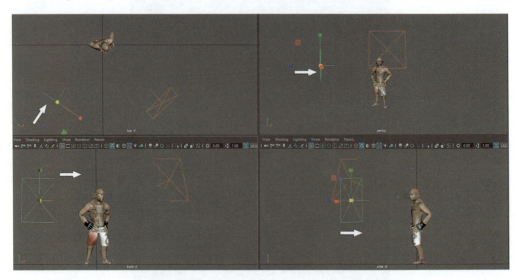

9. Repita o procedimento e crie uma luz com o nome BackLight.
10. Ajuste a Exposure para 25.
11. Ajuste a posição da luz, como mostrado na imagem a seguir.

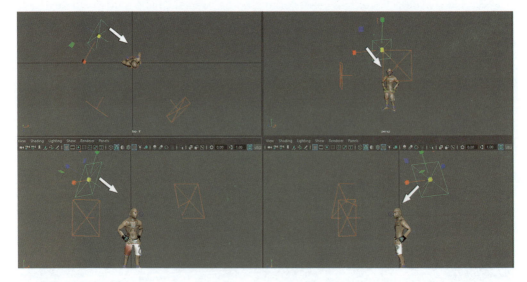

12. Teste o seu *render*, clicando em Arnold → Render.

ATENÇÃO Essa tela é uma visualização prévia do *render* final, mas não é o *render* final. O resultado de todas essas mudanças fica disponível instantaneamente na janela Arnold RenderView, para que você trabalhe de forma intercambiadora de materiais e iluminação, sem ter que voltar a renderizar para verificar o efeito das mudanças. Apenas espere um pouco mais para obter uma renderização de qualidade.

13. Você pode ajustar a posição da câmera no próprio Arnold RenderView. Para isso, clique em Windows → 3D Manipulation.

14. Com essa tela ativa, você pode selecionar as luzes e ajustar seus parâmetros, que serão demonstrados em tempo real na janela Arnold RenderView.

7.2 CÂMERAS

Você pode trabalhar com outras câmeras de perspectivas. Basca clicar em Create → Cameras → Camera.

Para utilizar a câmera criada, clique em Painels → Perspective → camera1, na *viewport*.

Figura 7.20 – Caminho para acessar uma câmera criada.

7.2.1 PLANOS E ÂNGULOS CINEMATOGRÁFICOS

O enquadramento com o movimento de câmera tem uma influência na maneira de contar uma história, criando assim uma narrativa visual. Em uma mesma cena, existem vários planos que podem ser enquadrados de diferentes modos, deixando o protagonista com maior importância ou inferiorizado em relação aos demais elementos da cena.

7.2.1.1 PLANOS CINEMATOGRÁFICOS

Dependendo da literatura estudada, há sete planos conhecidos na escola do cinema brasileiro: grande plano geral, plano geral, plano americano, plano médio, primeiríssimo primeiro plano, close e superclose.

A seguir, são dados alguns exemplos.

GRANDE PLANO GERAL (GPG)

É um plano bastante aberto, que procura situar amplamente o espectador sobre o lugar da cena em que o sujeito se encontra.

Figura 7.21 – Grande plano geral (GPG).

PLANO GERAL (PG)

Mostra uma paisagem ou um cenário completo.

Figura 7.22 – Plano geral (PG).

PLANO AMERICANO (PA)

Mostra um único personagem enquadrado, não de corpo inteiro (da cabeça até a cintura, ou até o joelho).

Figura 7.23 – Plano americano (PA).

PLANO MÉDIO (PM)

Mostra um trecho de um ambiente, em geral com pelo menos um personagem enquadrado.

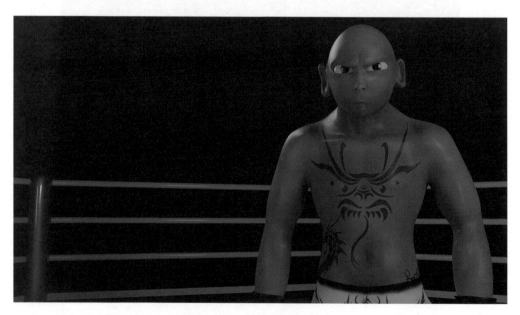

Figura 7.24 – Plano médio (PM).

PRIMEIRO PLANO (PP)

Mostra um único personagem em enquadramento mais fechado que o do plano americano (em muitas situações, o primeiro plano é considerado sinônimo de *close-up*).

Figura 7.25 – Primeiro plano (PP).

PLANO PRÓXIMO, GRANDE PLANO OU CLOSE-UP (OU APENAS CLOSE)

Mostra o rosto de um personagem.

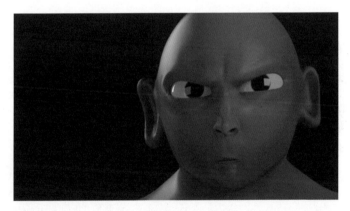

Figura 7.26 – Plano próximo, grande plano ou *close-up* (ou apenas close).

7.3 RENDER

A renderização de software produz imagens de alta qualidade, permitindo alcançar resultados mais sofisticados. Em geral é mais flexível, embora apresente a desvantagem de ser mais demorada.

A renderização de hardware usa a placa de vídeo do computador e os *drivers* instalados na máquina para renderizar. Geralmente é mais rápida do que a renderização de software, mas produz imagens de qualidade inferior. Em alguns casos, a renderização de hardware pode produzir bons resultados em relação ao prazo de entrega. A desvantagem está no fato de não poder produzir alguns efeitos mais sofisticados, como sombras avançadas, reflexos e pós-processamento de efeitos. Para criar esses efeitos, é preciso usar a renderização de software.

O Maya possui o seguinte hardware renderer:

- Maya Software;
- Maya Hardware 2.0;
- Maya Vector;
- Arnold Renderer.

7.3.1 MAYA SOFTWARE

O Maya Software suporta todos os tipos de entidades encontrados no Maya, incluindo partículas, vários efeitos de geometria e pintura (como um processo de renderização) e efeitos fluidos. Ele também possui uma API (*Application Programming Interface*, ou interface de programção de aplicativos), robusta, para a adição de efeitos programados pelo cliente.

7.3.2 MAYA HARDWARE 2.0

Use o Maya Hardware 2.0 para executar renderização de linha de comando para *viewport* 2.0.

7.3.3 MAYA VECTOR

Você pode usar o renderizador de vetor Maya para criar renderizações estilizadas (por exemplo, desenho animado, arte tonal, arte de linha, linha oculta, *wireframe*) em vários formatos de imagem de *bitmap* (por exemplo, IFF, TIFF, e assim por diante) ou formatos vetoriais em 2D.

7.3.4 ARNOLD RENDERER

O Arnold Renderer oferece todos os recursos de renderização fotorrealística e inclui funcionalidades não encontradas na maioria dos softwares de renderização. Permite renderização interativa e em lote.

Inclui uma instalação-padrão do Maya por meio do provider.mllplugar. Esse plug-in é carregado automaticamente, e o Arnold está configurado como renderizador-padrão no Maya.

7.3.5 ATIVANDO PLUG-INS NO MAYA

No caso em que o Arnold não está carregado por padrão, você pode carregá-lo manualmente por meio do gerenciador de plug-ins, como mostrado no processo a seguir.

1. Clique em Windows → Settings/Preferences → Plug-in Manager.

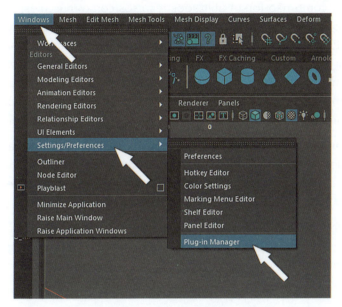

2. Na janela Plug-in Manager, ative os itens Loaded e Auto load na seção mtoa.mll.

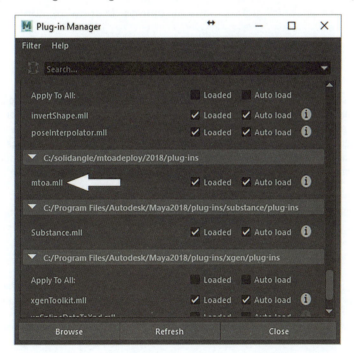

7.3.6 FINALIZAÇÃO DO SEU PROJETO

Como o seu personagem já está com a pose correta e com as luzes aplicadas, efetue alguns procedimentos para finalizar sua cena.

Caso não tenha feito um procedimento minucioso no *skinning* (ligação da pele com a geometria), e como não foram utilizados recursos como músculos, haverá algumas deformações que não correspondem à anatomia correta do corpo em determinadas poses. Nesse caso, será necessário efetuar alguns ajustes da malha, mas, antes, você terá que salvar em uma nova versão, renomeá-la com um nome diferente e criar deformações com o recurso Blend Shape, mas poderá quebrar o histórico e a ligação da geometria como esqueleto. Dessa maneira, você terá mais liberdade para os ajustes, mas não disporá da ligação de Blend Shape e da ligação entre o esqueleto e a pele.

Para efetuar os ajustes, é necessário limpar o histórico do personagem, clicando em Edit ® Delete by type ® History, ou utilize as teclas de atalho Alt Shift D e faça os ajustes. Outro ajuste interessante é o da expressão facial. Lembre-se de utilizar a *shelf* Sculpting, pois com ela ficará mais fácil ainda de trabalhar nos ajustes.

Outro ajuste necessário é o que se realiza nos materiais, ou seja, mudar o material do personagem com os mapas correspondentes, configurar o *render* e gerar a imagem final para ser tratada em um software de edição de imagem. Antes, contudo, vamos entender um pouco mais sobre alguns materiais disponíveis no Maya.

7.3.6.1 SHADER – 2

No Maya, você encontra alguns materiais nativos do software, conforme mostrado a seguir.

Tabela 7.1 – Materiais nativos do software

	Anisotropic: material (*shader*) que representa as superfícies com sulcos, tais como um DVD, penas ou tecidos, como veludo ou cetim. Um material isotrópico (como *Phong* ou *Blinn*) reflete a luz especular de forma idêntica em todos os sentidos. Se você girar uma esfera isotrópica, seu brilho especular permanece. Um material anisotrópico reflete a luz especular de modo diferente de acorod com as diferentes direções. Se você girar uma esfera anisotrópica, perceberá alterações no realce do especular, dependendo da direção dos sulcos.
	Blinn: material que é particularmente eficaz para simular as superfícies metálicas (por exemplo, latão ou alumínio), as quais tipicamente têm reflexos especulares suaves.
	Lambert: material que representa superfícies foscas (tais como giz, tinta fosca, superfícies não polidas), sem reflexos especulares. O Maya utiliza o Lambert como material-padrão.

Phong: material que representa superfícies vítreas ou brilhantes, como funilaria de carros, telefones, acessórios para banheiro, etc.

Phong E: versão mais simples do Phong. Os destaques especulares sobre superfícies Phong E são mais suaves que nas superfícies Phong.

Você poderá trabalhar também com um material curinga do Arnold, que altera seu comportamento e simula vários materiais, substituindo até o conjunto de materiais nativos listados anteriormente, desde que o renderizador aplicado seja o Arnold.

1. Pressione a tecla Q para ativar a Select tool e selecione o corpo do personagem.
2. Abra o Attribute editor (Ctrl A).
3. Mude o material de Blinn para AiSantadartSurface, que é um material do próprio renderizador Arnold, como mostrado na imagem a seguir.

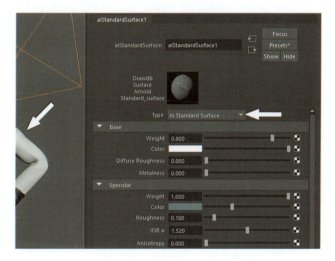

ATENÇÃO Quando um botão de Preset possuir um asterisco, significa que há predefinições de materiais disponíveis. Assim, torna-se possível acessar os presets e aplicar rapidamente configurações predefinidas, por exemplo, materiais de Gold (ouro), Skin (pele) e Milk (leite), entre muitos outros.

4. Clique no botão Preset e aponte para Skin → Replace. Assim, você configurou o material para um material com SSS, ou seja, próprio para uso de pele.

7.3.6.2 SUBSURFACE SCATTERING

Nesse material, conhecido como SSS, a luz penetra na superfície de um objeto translúcido, é espalhada pela interação com o material e sai da superfície em um ponto diferente. A luz geralmente penetra na superfície e é refletida várias vezes em ângulos irregulares dentro do material, antes de voltar para fora em um ângulo diferente daquele que teria se houvesse sido refletido diretamente da superfície. Pense: você é translúcido(a)? Para responder, posicione a lanterna do seu celular na ponta do dedo, com a luz ligada. Então desligue a luz do seu ambiente e observe que a luz do celular ilumina dentro do seu dedo, chegando a irradiar a cor dele para o ambiente.

A versão do Arnold 5 do Maya 2018 inclui o material AiStandartSurface, com o nome de aba Subsurface.

1. Com essa configuração, o personagem perde o *link* de textura. Renderize a sua cena para visualizar o personagem sem a textura e clique no botão de *render*, como mostrado na imagem a seguir.

2. Observe que o seu material está sem as texturas e o mapa de *bump* está mais discreto. Feche o Render View.

3. Com o personagem selecionado, clique em Window → Rendering Editors → Hypershade ou no botão Hypershade, como mostrado na imagem a seguir.

7.3.6.3 HYPERSHADE

O Hypershade é uma ferramenta intuitiva, que possibilita criar e editar materiais e visualizar os resultados em tempo real no *viewport* 2.0. Ele otimiza o fluxo de trabalho de desenvolvimento de aparência, permitindo que você crie seu *shader* em uma interface de edição de nó, em que os nós são criados em uma visão personalizada otimizada para o desenvolvimento de aparência.

Solte um nó para visualizar sua saída e identificar problemas, enquanto trabalha por meio de uma rede de *shader* complexa.

Crie um *layout* personalizado que cubra seu fluxo de trabalho de desenvolvimento de visualização, encaixando, desacoplando e reorganizando painéis.

Edite seus materiais usando o Property Editor, em que somente são mostrados os atributos comumente usados.

Visualize suas texturas, mapas de *bump* e *shaders* no visualizador de materiais.

Figura 7.27 – Painel Hypershade.

- **Criação:** a partir desse painel, você pode escolher materiais e nós que permitam criar diferentes tipos de efeitos de renderização.

- **Navegador:** no painel superior do Hypershade, ficam as abas que contêm os componentes de processamento que contribuem para a cena corrente.

- **Área de trabalho:** exibe a rede de *shade* para um nó selecionado. A rede de *shade* é uma coleção de nós de processamento conectados que define como as cores e as texturas contribuem (geralmente com luzes) para a aparência final de superfícies (materiais). Por exemplo, se você criar um material liso brilhante com Blinn e ligar um fractal no Specular Color, será exibido no *render* um material brilhante, mas com sujeiras ou manchas em seu brilho.

- **Visualização de material:** propicia a fácil visualização em diferentes situações, otimizando, assim, a composição e o desenvolvimento dos *shaders* e melhorando o seu fluxo de trabalho. Você tem a opção de visualizar em Maya Hardware ou em Arnold Render.

- **Editor de propriedades:** área para a configuração de item selecionado.

Existem também os materiais exclusivos de outros renderizadores, como os materiais do Arnold, inseridos recentemente nas últimas versões do Maya. O AiStandardsurface é um material-base do renderizador Arnold e, por intermédio do editor de propriedades, você poderá gerar várias simulações de materiais com esse *shader*.

1. Clique no botão Input and output connections para mostrar o material do corpo.

2. Clique novamente no botão Input and output connections para revelar todos os nós desse *shader*.

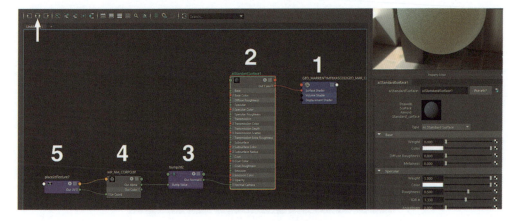

1: Shading Group.

2: Shader.

3: bump2d – Configuração de Bump Map.

4: File – nó de arquivo (neste caso, está com o *normal map*).

5: Place2dTexture – acessório para o nó de arquivo.

7.3.7 APLICANDO UM NOVO CONTROLADOR PARA O *NORMAL MAP*

1. No Work area tab, utilize a tecla TAB, para gerar uma caixa de diálogo, onde você poderá inserir alguns elementos dessa área. No momento, deve ser a palavra Ainormalmap.

2. Pressione a tecla Enter.

3. No File com o *normal map*, clique, segure e arraste para fora dos nós. Depois, solte a linha que liga o nó File com o nó do bump2d, como mostrado na imagem a seguir.

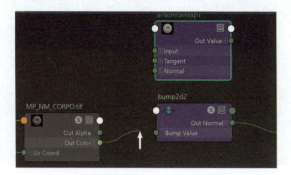

4. Repita o procedimento para o nó que liga o bump2d como *shader*, como mostrado na imagem a seguir.

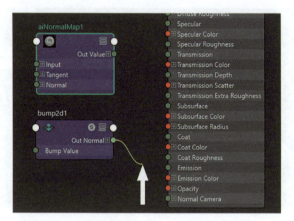

5. Clique no bump2d.
6. Pressione a tecla Delete.
7. Clique no nó File.
8. Altere o seu color space para raw, pois o 2018 com o Arnold 5 trabalha com o *normal map* em raw, como mostrado na imagem a seguir.

9. Ligue as linhas do File ao AiNormalMap, clicando, segurando e arrastando da bolinha do Out Color até o Input do AiNormalMap.

10. Repita o procedimento entre o *normal map* e o *shader*, clicando, segurando e arrastando da bolinha do Out Value até a da Normal Camera do AiSurfaceStandard.

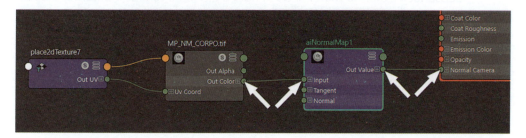

11. Salve sua cena, gerando uma versão por meio do atalho Ctrl Alt S.

12. Você também deve ligar a textura, que não está em exibição no momento, no próprio Hypershade. Clique na aba Textures.

13. Selecione o mapa MP_CORPO_flattened_diffuse.

14. Clique no botão Add selected nodes to graph, como mostrado na imagem a seguir, que está nomeada em ordem de clique.

ATENÇÃO Para visualizar os nomes dos botões, deixe a seta do mouse repousando sobre o botão.

15. Renomeie o material do Arnold, em Property Editor, no campo AiStandartSurface. Altere o nome do material para ARN_MAT_CORPO.

16. Ligue o Out Color do MP_DIFFUSE_CORPO ao Base Color no material do Arnold.

17. No mesmo ponto, Out Color do MP_DIFFUSE_CORPO, faça a conexão com o Subsurface Color no material do Arnold e altere os valores, conforme mostrado na imagem a seguir.

Base

Weight 0.700

Specular

Weight 0.480

Roughness 0.350

Subsurface 0.200

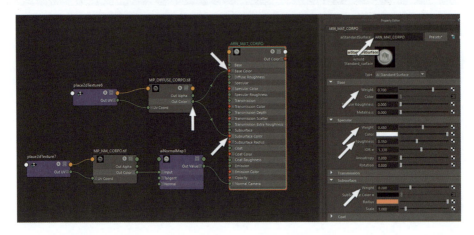

18. Repita o procedimento de troca de material para os shorts e não utilize Preset, como também não há necessidade de ligar o mapa diffuse dos shorts no Subsurface Color do Arnold, como mostrado na imagem a seguir.

Base

Weight 0.800

Specular

Weight 0.100

Roughness 0.400

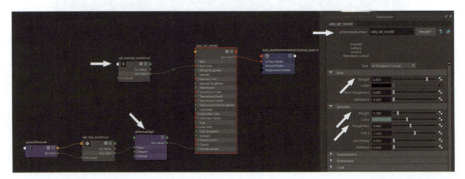

19. Para o olho, mude o material para o AiStandard Surface.
20. Renomeie o material para ARN_MT_OLHO.
21. Ligue o MP_DIFFUSE_OLHO no Base Color no material do Arnold, como mostrado na imagem a seguir.

    Specular

    Weight 1.000

    Color BRANCA

    Roughness 0.060

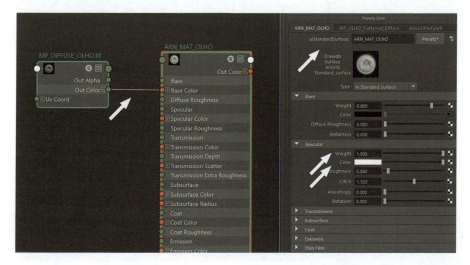

22. Para as luvas, mude um material. A alteração já será feita em ambas. Altere o material para o AiStandard Surface.
23. Renomeie o material como ARN_MT_LUVA.
24. Ligue o MP_DIFFUSE_LUVA no Base Color no material do Arnold, como mostrado na imagem a seguir.

    Specular

    Weight 0.500

    Color BRANCA

    Roughness 0.500

25. Salve sua cena.

26. Para compor sua cena, importe um octógono disponível com os arquivos do livro, clicando em File → Import.

27. Procure o arquivo octogono.mb e clique em Import.

28. Efetue o seu *render*, como mostrado na imagem a seguir.

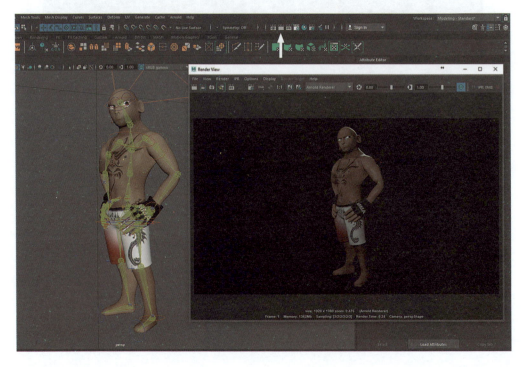

7.3.8 CONFIGURAÇÕES DO SEU *RENDER*

Nesse momento, você vai efetuar uma configuração essencial para o seu *render*, começando por uma seção comum para todos os renderizadores.

1. Clique no botão *render* Settings, como mostrado na imagem a seguir.

7.3.8.1 FILE OUTPUT

Nessa área, você configura três componentes distintos: nome do arquivo, extensão do número do quadro e extensão do formato do arquivo. Uma combinação desses três componentes é referida como a sintaxe do nome do arquivo.

1. No campo File name prefixe, insira o nome do personagem.
2. No campo Image format, mude para png.

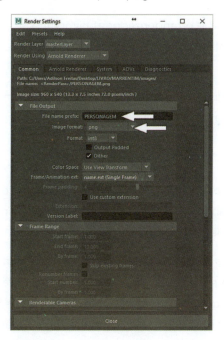

3. Ainda na área common, se estiver usando uma visualização de câmera diferente da Persp, mude no Renderable Cameras.
4. Na área Image Size, mude o Preset para 2K_Square.

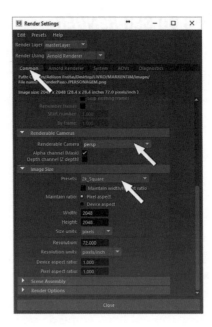

5. Clique na aba Arnold Renderer.

   Quando o Arnold é o renderizador atualmente selecionado no Maya, a caixa de diálogo Configurações de renderização dará acesso às configurações do Arnold Render.

   Essas são configurações globais que controlam o comportamento da renderização Arnold em toda a cena.

7.3.8.2 SAMPLING

Essas configurações controlam a qualidade de amostragem das imagens renderizadas. Aumentar as taxas de *sampling* reduz a quantidade de ruído nas imagens, mas à custa do aumento do tempo de renderização.

Você notará que essa evolução não é linear, pois, para cada uma dessas taxas de amostragem, o número real de amostras equivale ao quadrado do valor de entrada. Por exemplo, se houver três amostras da câmera (AA), 3 × 3 = 9 amostras serão usadas para Anti-Aliasing. Se houver duas amostras difundidas, então serão usadas 2 × 2 = 4 amostras para o GI. O mesmo se aplica aos outros valores.

Taxas de amostragem difusa, especular, transmissão, SSS e volume são expressas para cada amostra de câmera (AA). Essa taxa de amostragem AA pode, portanto, ser considerada um multiplicador global para todos os outros. Nesse exemplo, a quantidade total de amostras difundidas por pixel é 9 × 4 = 36.

1. Altere a Camera(AA) para 6.

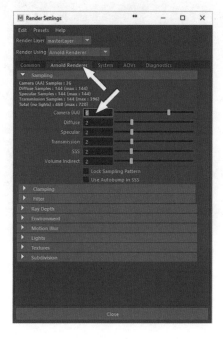

2. Efetue seu *render* final.

    Sua imagem será renderizada na pasta Images/tmp. Se o seu projeto não estiver configurado pelo comando File → Set Project, possivelmente o seu *render* estará na pasta-padrão do Maya, isto é, C:\Users\USUÁRIO\Documents\maya\2018.

Figura 7.28 – Resultado da renderização 01.

Figura 7.29 – Resultado da renderização 02.

PESQUISA

Saiba mais sobre iluminação de dois pontos, acessando os *sites* a seguir.

Fazendo vídeo – Iluminação de três pontos

Disponível em: <http://www.fazendovideo.com.br/artigos/iluminacao-de-3-pontos.html>.

Técnica de iluminação com três pontos para fotografia

Disponível em: <https://www.klebermota.eti.br/2014/01/25/tecnica-de-iluminacao-com-
-tres-pontos/>.

Saiba mais sobre *setup* do Arnold *render*, acessando o *site* a seguir.

Working with Arnold and Maya's Render Setup

Disponível em: <http://lesterbanks.com/2017/02/working-arnold-mayas-render-setup/>.

Acessos em: 16 nov. 2017.

CONCLUSÃO

Neste capítulo, você aplicou luz e câmera, conheceu alguns planos cinematográficos e configurou o *render* essencial para finalizar sua imagem. Depois da renderização, para finalizar sua arte, é necessário realizar a pós-produção, com várias técnicas bidimensionais em softwares de edição de imagem.

EXERCÍCIOS

1. Crie uma pose, como a da imagem a seguir.

Nos exercícios a seguir, assinale a alternativa correta.

2. Qual luz é exclusiva do Arnold?

    a. Point Light.

    b. Ambient Light.

    c. AI Area Light.

    d. Volume Light.

3. Dentre essas definições, qual representa o plano americano?

    a. Mostra um único personagem enquadrado, não de corpo inteiro (da cabeça até a cintura, ou até o joelho).

b. Mostra um trecho de um ambiente, em geral com pelo menos um personagem enquadrado.

c. É um plano bastante aberto, que procura situar amplamente o espectador sobre o lugar da cena em que o sujeito se encontra.

d. Nenhuma das alternativas anteriores.

4. Para visualizar apenas o material sem a textura, qual tecla de atalho é necessária?

a. 1.

b. 4.

c. 5.

d. 7.

5. A definição "brilha um feixe de luz uniformemente dentro de uma estreita faixa de direção que é definida por um cone" corresponde ao nome da luz presente em que alternativa?

a. Point Light.

b. Ambient Light.

c. Spot Light.

d. Volume Light.

BIBLIOGRAFIA

DERAKHSHANI, D. **Aprendendo Maya 2009**. Rio de Janeiro: Starling Alta Consult, 2009.

GUINDON, M. **Aprendendo Autodesk® Maya 2008:** modelagem e animação. Rio de Janeiro: Starling Alta Consult, 2008.

HERMANIKIAN, A. **Introducing Mudbox**. Indianápolis, Indiana: Wiley Publishing, Inc., 2010.

INGRASSIA, M. **Maya for Games**. Oxford: Focal Press, 2008.

MEADE, T.; SHINSAKU. A. **Guia completo de referência Maya 6**. Rio de Janeiro: Ciência Moderna, 2006.

http://help.autodesk.com/view/MAYAUL/2018/ENU/. Acesso em: 25 mar. 2018.

MARCAS REGISTRADAS

Autodesk® Maya®, Mudbox® e AutoCAD® são marcas registradas da Autodesk®, Inc.

PDF e Adobe Photoshop® são marcas registradas da Adobe Systems Incorporated.

Os demais nomes registrados, marcas registradas ou direitos de uso citados neste livro pertencem aos respectivos proprietários.